Metafísica al alcance de todos

Colección Metafísica
CONNY MÉNDEZ
(1898-1979)

EDICIONES GILUZ
BIENES LACÓNICA, C.A.
DISTRIBUIDORA GILAVIL, C.A.
2011

Metafísica al alcance de todos

Conny Méndez

Impresión de septiembre de 2011.
Derechos exclusivos conforme a la ley reservados para todo el mundo:
Copyright © 2001, 2011 **Distribuidora Gilavil, C.A.**

Editado por:
Ediciones Giluz
ISBN-9: 980-369-023-X
ISBN-13: 978-980-369-023-6
Depósito Legal: B. 31.180 - 2011

Distribuidora Gilavil, C.A.
Apartado Postal 51.467
Caracas 1050, Venezuela
Tel: +58 (212) 762 49 85
Tel./Fax: +58 (212) 762 39 48

metafisicaconnymendez@gmail.com
connymendez@metafisica.com
www.metafisica.com - www.connymendez.com

Diagramación de portada y textos: Diego Gil Velutini

Colección Metafísica Conny Méndez

Originales:

✔ Nuevo 2010: *Metafísica 4 en 1* Vol. III*

Metafísica al alcance de todos Nueva edición 2011*
Metaphysics for every one (*Metafísica al alcance de todos*)
Te regalo lo que se te antoje Nueva edición 2011*
El maravilloso número 7
Quién es y quién fue el Conde de St. Germain
Piensa lo bueno y se te dará Nueva edición 2011*
Metafísica 4 en 1 Vol. I*, II* y III*
Power through Metaphysics (*Metafísica 4 en 1* Vol. I)
El Nuevo Pensamiento
¿Qué es la Metafísica?
El Librito Azul
Un tesoro más para ti
La Voz del «Yo Soy»
La carrera de un átomo
Numerología

* Disponibles en audiolibro en www.metafisica.com ✔

Traducciones:

El Libro de Oro de Saint Germain. Nueva edición 2010
Misterios develados. Nueva edición 2010
Los secretos de Enoch (por Luisa de Adrianza)
La Mágica Presencia Nueva edición 2011
Palabras de los Maestros Ascendidos Vol. I y II

Otras obras

Autobiografía/humor/caricatura:

La chispa de Conny Méndez

Música:

Cien años de Amor y Luz (CD)
Conny Méndez instrumental (CD)
La Cucarachita Martina (CD y libro de música infantil)
Imágenes románticas (CD) (interpretación de María J. Báez)

Metafísica al alcance de todos

Colección Metafísica
CONNY MÉNDEZ
(1898-1979)

Ediciones Giluz
Bienes Lacónica, C.A.
Distribuidora Gilavil, C.A.
2011

Conny Méndez

Contenido

Recomendación

Cada libro metafísico debe leerse muchas veces. *Cada vez que se relee se comprende mejor. Sólo lo que se practica se queda con nosotros. Lo que sólo se lee y no se usa, se va.*

Introducción

El presente librito está escrito en lo que llamo «Palabras de a centavo», es decir, en términos más sencillos para que sea comprensible al que necesita saber la Verdad de Dios y que no tiene conocimientos para poder «digerir» los textos de Psicología y Metafísica, tal como están escritos en castellano.

Cada vez que oímos o leemos algo nuevo, desconocido para nosotros, se desperezan células que estaban dormidas en nuestro cerebro. La segunda vez que tropezamos con aquella idea nueva la comprendemos un poquito mejor. Las células motivadas comienzan a trabajar la idea, y al poco tiempo «se hace la luz» en nuestra mente: aceptamos la idea, la adoptamos y la ponemos en práctica automáticamente. Así es como vamos despertando, aprendiendo, evolucionando y adelantando. No es necesario hacer esfuerzos sobrehumanos para que nos penetren las cosas en la cabeza. Es un proceso natural; eso sí, hay que poner de nuestra parte la buena voluntad de releer, volver a leer y volver a leer hasta sentir que lo aprendido es automático. Eso es todo.

Lleva contigo, en tu cartera o tu bolsillo, un ejemplar de este pequeño libro. Pon otro en tu mesa de noche. Reléelos a menudo, sobre todo cada vez que se te presente un problema; cada vez que te enfrentes a una situación angustiosa o molesta, no importa cuál sea. Te va a ocurrir algo asombroso y es que el librito se abrirá en la página que te conviene consultar, y pensarás: «¡Parece que esto fue escrito para mí!».

Jesucristo dijo: «En la casa de mi Padre hay muchas mansiones». La Metafísica es una de estas mansiones; el estudio de las leyes mental-espirituales. No se relaciona con el «espiritismo», aunque este último es también una mansión en la casa del Padre.

Que esta obra te traiga toda la paz y la prosperidad que ha traído a tantos otros. Se te bendice.

CONNY MÉNDEZ

CARACAS, NOVIEMBRE DE 1963

Cristianismo dinámico

*A*ntes de emprender cualquier oficio que sea, el candidato que lo va a desempeñar recibe instrucciones o estudia la técnica del mismo. Sin embargo, hay uno que emprende su cometido totalmente a ciegas, sin instrucciones, sin técnica, sin brújula, compás ni diseño, sin nociones de lo que va a encontrar. Éste es el ser humano, que es lanzado a la tarea de **vivir**, sin saber siquiera qué cosa es **la vida**, sin saber por qué algunas vidas transcurren en medio de la opulencia y las satisfacciones mientras otras lo hacen por la miseria y el sufrimiento. Unas se inician con todas las ventajas que pueda idear el afecto y, sin embargo, las persigue un atajo de calamidades; y el ser humano se debate en conjeturas, todas erradas, y llega el día de su muerte sin haber adivinado la verdad respecto a todo esto.

Aprende la Gran Verdad: **Lo que tú piensas se manifiesta**. «Los pensamientos son cosas». Es tu actitud la que determina todo lo que te sucede. Tu propio concepto es lo que tú ves, no solamente en tu cuerpo y en tu carácter, sino en lo exterior; en tus condiciones de vida: en lo material, sí, tal como lo oyes. Los pensamientos **son cosas**. Ahora verás.

Si tienes la costumbre de pensar que eres de constitución saludable, hagas lo que hagas siempre serás saludable. Pero cambias tu manera de pensar, te dejas infundir el temor a las enfermedades y comienzas a enfermarte; pierdes la salud. Si naciste en la riqueza, es posible que siempre seas rico; a menos que alguien te convenza de que existe «el destino» y comiences a creer que el tuyo puede cambiar de acuerdo con los «golpes y reveses» porque así lo estás creyendo. Tu vida, lo que te ocurre, obedece a tus creencias y a lo que expreses en palabras. Es una ley, un principio. ¿Sabes lo que es un Principio?

Es una ley invariable que no falla jamás. Esta ley se llama **El principio de mentalismo**.

Si en tu mente está radicada la idea de que los accidentes nos acechan a cada paso; si crees que «los achaques de la vejez» son inevitables; si estás convencido de tu mala o buena suerte; lo que quiera que tú esperes normalmente, en bien o en mal, ésa es la condición que verás manifestarse en tu vida y en todo lo que haces. Ése es el porqué de lo que te ocurre.

No se está jamás consciente de las ideas que llenan nuestra mente. Ellas se van formando de acuerdo con lo que nos enseñan, o lo que oímos decir. Como casi todo el mundo está ignorante de las leyes que gobiernan la vida —leyes llamadas «de la Creación»— casi todos pasamos nuestra vida fabricándonos condiciones contrarias; viendo tornarse malo aquello que prometía ser tan bueno; tanteando, como dicen, a ciegas, sin brújula, timón, ni compás; achacándole nuestros males a la vida misma, y aprendiendo a fuerza de golpes y porrazos; o atribuyéndoselos a «la voluntad de Dios».

Con lo que hasta aquí has leído, te habrás dado cuenta de que el ser humano no es lo que te han hecho creer: un corcho en medio de una tempestad, batido aquí y allá según las olas. ¡Nada de eso! Su vida, su mundo, sus circunstancias, todo lo que él es, todo lo que le ocurre son creaciones de él mismo y de nadie más. Él es el rey de su imperio y, si su opinión es precisamente que él no es sino un corcho en medio de una tempestad, pues así será. Él lo ha creído y permitido.

Nacer con libre albedrío significa haber sido creado con el derecho individual de escoger… ¿escoger qué? El pensar negativa o positivamente; pesimista u optimista. Pensando lo feo y lo malo, que produce lo feo y lo malo, o pensando lo bueno y bello, que produce lo bueno y bello en lo exterior o interior.

La Metafísica siempre ha enseñado que lo que pensamos a menudo pasa al subconsciente y se establece allí, actuando como reflejo. La psicología moderna, al fin, lo ha «descubierto».

Cuando el ser humano se ve envuelto en los efectos de su ignorancia, o sea que se ha producido él mismo una calamidad, se vuelve hacia Dios y le suplica que lo libre del sufrimiento. El hombre ve que Dios le atiende a veces, y que otras veces, inexplicablemente, no atiende. En este último caso es cuando sus familiares lo consuelan diciéndole que «hay que resignarse ante la voluntad de Dios». Es decir, todos dan por sentado que la voluntad del Creador es mala. Pero, al mismo tiempo, la religión enseña que Dios es nuestro padre. Un padre todo amor, bondad, misericordia. Todo sabiduría y eterno. ¿Estás viendo cómo no concuerdan estas dos teorías? ¿Te parece con sentido común que un padre todo amor, e infinitamente sabio, pueda sentir y expresar mala voluntad hacia sus hijos? ¡Nosotros, madres y padres mortales, no seríamos jamás capaces de atribular a ningún hijo con los crímenes que le atribuimos a Dios! ¡Nosotros no seríamos capaces de condenar a fuego eterno a una criatura nuestra, por una falta natural de su condición mortal, y consideramos que Dios sí es capaz! Sin que nos demos cuenta clara de ello, le estamos atribuyendo a Dios una naturaleza de magnate caprichoso, vengativo, lleno de mala voluntad, pendiente de nuestra menor infracción para asestarnos castigos fuera de toda proporción.

Es natural pensar así cuando nacimos, vivimos ignorando las reglas y las leyes básicas de la vida.

Ya dijimos la razón de nuestras calamidades: las producimos con el pensamiento. En esto es que somos «imagen y semejanza» del Creador; somos creadores, cada cual, de su propia manifestación.

Ahora, ¿por qué es que Dios parece atender unas veces, y otras no? Ya verás. La oración es el pensamiento más puro y más alto que se puede tener. Es polarizar la mente en el grado más altamente positivo. Son vibraciones de luz que lanzamos cuando oramos, es decir, cuando pensamos en Dios. Esas vibraciones tienen que transformar instantáneamente, a perfectas y bellas, todas las condiciones oscuras que nos rodean —como cuando se lleva una lámpara a una habitación que está en tinieblas— siempre que, mientras ore, piense y crea que ese Dios a quien le pide es su Padre amoroso que desea dar todo lo bueno a su hijo. En ese caso Él «atiende». Pero, por lo general, la humanidad tiene costumbre de pedir así: «Ay, Papá Dios, sácame de este apuro, que yo sé que vas a pensar que no me conviene porque tú quieres imponerme esta prueba», negándose toda posibilidad de recibirlo. Tiene más fe en ese Dios que nos enseñaron, caprichoso, vengativo, lleno de mala voluntad, que no está sino atisbando a que cometamos la primera infracción para asestarnos castigos de una crueldad satánica. Pues el que así pide no recibe sino de acuerdo con su propia imagen de Dios. Es tan sencillo como te lo digo. Ahora no vuelvas a olvidar jamás que la voluntad de Dios para ti es el bien, la salud, la paz, la felicidad, el bienestar, todo lo bueno que Él ha creado. No vuelvas a olvidar jamás que Dios no es ni el juez, ni el policía, ni el verdugo, ni el tirano que te han hecho creer. La verdad es que Él ha creado siete leyes, siete principios que funcionan en todo y siempre. No descansan un solo minuto. Se encargan de mantener el orden y la armonía en toda la Creación. No se necesitan policías en el espíritu. Aquel que no marcha con la ley se castiga él mismo. Lo que piensas se manifiesta; de manera que aprende a pensar correctamente y con la ley para que se manifieste todo lo bueno que Dios quiere para ti.

San Pablo dijo que Dios está más cerca de nosotros que nuestros pies y nuestras manos, más aún que nuestra respiración; de manera que no hay que pedirle a gritos que nos oiga. Basta con pensar en Él para que ya comience a componerse lo que parece estar descompuesto. Él nos creó. Él nos conoce mejor de lo que nos podemos conocer nosotros. Él sabe por qué actuamos de esta o aquella manera, y no espera que nos comportemos como santos cuando apenas estamos aprendiendo a caminar en esta vida espiritual.

Voy a rogarte que no creas nada de lo que te estoy diciendo sin primero comprobarlo. Es tu derecho divino y soberano. No hagas lo que has hecho hasta ahora: aceptar todo lo que oyes y todo lo que ves sin darte la oportunidad de juzgar entre el bien y el mal.

La mecánica
del pensamiento

*T*odo el día y toda la noche estamos pensando una infinidad de cosas distintas. Pasa por nuestra mente una especie de película cinematográfica constante, aunque desconectada.

Entre tantas ideas diferentes, nos detenemos a contemplar, examinar o estudiar algunas más que otras. ¿Por qué? Porque algunas nos han estimulado el sentimiento. Nos han producido temor o antipatía; simpatía o lástima; agrado o desagrado, no importa. El hecho es que, por aquel sentimiento, la idea nos interesa, la repasamos más tarde, tal vez la comentamos con alguien. Esto es meditar, y lo que así se medita pasa al subconsciente y se graba allí.

Una vez que se graba una idea en el subconsciente se convierte en un «reflejo». Tú sabes que cuando el médico te da un golpecito en la rodilla, tu pierna da un salto. Te han tocado un punto sensible y has reaccionado, ¿no? En esa misma forma, cada vez que ocurre en tu vida algo referente a una de las ideas que están grabadas en tu subconsciente, el «reflejo» reacciona en la forma exacta en que fue grabado. Tú adoptas una actitud de acuerdo con el sentimiento original que tuviste cuando primero pensaste en aquella idea. Los metafísicos llamamos a esto un «concepto», o sea, una creencia, una convicción.

El subconsciente no discierne. No decide nada, no opina ni piensa por sí solo. No tiene poder para protestar, no tiene voluntad propia. Ésas no son sus funciones. Su única función es la de reaccionar poniendo a la orden el reflejo que se le ha dado. Él es, en este sentido, un maravilloso archivador, secretario, bibliotecario automático que ni descansa ni falla jamás. Tampoco tiene sentido del humor. No sabe cuándo una orden ha sido dada en chiste o en serio. De manera que si tu nariz es un poco abultada, y si tú, por hacer reír a los demás, adoptas el chiste de llamarla «mi nariz de papa rellena», por ejemplo, como el subconsciente es un servidor exacto, no tiene sentido del humor y sólo sabe obedecer incondicionalmente, tratará por todos los medios de cumplir la orden que le has dado en tus palabras y sentirás y verás a tu nariz parecerse más y más a una papa rellena.

La palabra «metafísica» quiere decir «más allá de lo físico»: la ciencia que estudia y trata de todo lo que está invisible a los sentidos físicos. Te da la razón de ser todo lo que no comprendemos; de todo lo misterioso; de todo lo que no tiene una explicación evidente; y es exacta, como comprobarás a medida que leas este libro.

Ahora verás: ¿recuerdas la primera vez que oíste mencionar la palabra «catarro»? ¿No, verdad? Eras muy pequeñito. La palabra la dijeron tus mayores. Te enseñaron a temerla. A fuerza de repetirla te instruyeron a comprenderla; te dijeron que no te mojaras los pies, que no te pusieras en una corriente de aire, que no te acercaras a alguien porque tenía catarro y se te pegaba, etc. Todo lo cual se fue grabando en tu subconsciente y formando allí un reflejo. No tuviste jamás que recordar las advertencias de tus mayores. El daño estaba hecho. De allí en adelante, tu subconsciente te ha brindado un catarro (el mejor que te pueda obsequiar) cada vez que te has colocado en una corriente de aire, cada vez que se te han mojado los pies, cada vez que te acercas a un acatarrado y cada vez que oyes decir que anda por allí una epidemia de gripe o de catarro.

Por culpa de tus mayores, por lo que has escuchado decir a los demás; por lo que has leído en los periódicos y en los anuncios, en la radio y televisión, y sobre todo porque ignoras la verdad metafísica de la vida, has aceptado estas ideas erróneas y se convirtieron en reflejos que actúan sin premeditación tuya, automáticamente, y que son causa de todos los males que te aquejan en el cuadro de tu vida. Tienes un car-

gamento voluminoso de ideas ajenas que afectan todos los departamentos de tu vida, tu cuerpo, tu alma y
tu mente. Advierte que si no los hubieras aceptado, si
por el derecho que te da tu libre albedrío de escoger,
aceptar y rechazar no hubieras aceptado lo negativo,
no existiría germen ni virus ni poder en el mundo que
hubiera podido atacar ni convencer a tu subconsciente para que actuara de ninguna otra forma que aquella
que tú le diste.

Tu voluntad, negativa o positiva, es el imán que
atrae hacia ti los gérmenes, las circunstancias adversas
o las buenas. Como ya hemos dicho, tu actitud negativa o positiva ante los hechos, determinan los efectos
para ti.

La fórmula infalible

Quedamos en que cada mente humana contiene una acumulación de opiniones, convicciones o conceptos errados —contrarios a la verdad y en conflicto con los principios básicos de la creación— y que están manifestando perennemente, en las condiciones exteriores, todas esas calamidades y sufrimientos que aquejan al ser humano y al mundo en general; enfermedades, accidentes, dolencias, pleitos, desarmonías, escasez, fracasos y hasta la muerte.

Felizmente, nada de eso se ajusta a la Verdad del Ser. Felizmente existe la manera de borrar todas esas creencias falsas y de sustituirlas por correctas, que no solamente produzcan condiciones y circunstancias positivas, buenas, felices, correctas, sino que, una vez corregido el error y establecida la verdad en el subconsciente, nunca más podrán volver a suceder las cosas negativas en nuestras vidas. La orden ha sido cambiada. El imán ha cambiado de polo. Es absolutamente imposible atraer algo que no encuentre ya su correspondencia en nosotros.

La fórmula infalible es la siguiente: Cada vez que te ocurra algo indeseable, que enfermes, que sufras un accidente, que te roben, que te ofendan, que te molesten… o que **Tú** seas la causa de algún mal hacia otro o hacia ti mismo…; si eres afligido por un defecto físico, o moral, o de carácter; si te desagrada alguien, si lo detestas, o si amas demasiado y sufres por esto; si te torturan los celos; si te enamoras de alguien que pertenezca a otro; si eres víctima de una injusticia, o eres víctima del dominio de otro… (la lista es interminable, de manera que suple tú la condición que te está afectando), conoce la verdad.

Así Jesucristo, el más grande de todos los Maestros de Metafísica, dijo: «Conoced la Verdad y ella os hará libres»[1]. La Verdad, la ley suprema es la Armonía Perfecta, la limpieza, la bondad, la justicia, la libertad, la salud (vida), inteligencia, sabiduría, amor, dicha. Todo lo opuesto es apariencia. Es contrario a la ley suprema de la Armonía Perfecta; luego es mentira porque es contrario a la Verdad.

Tu «**Yo**» superior es perfecto. En este momento y siempre ha sido perfecto. No puede enfermarse porque es **vida**. No puede morir por la misma razón. No puede envejecer. No puede sufrir. No puede temer. No puede pecar. No tiene que luchar. No puede cambiar jamás. Es bello. Es amor, inteligencia, sabiduría, dicha. Ésa

---

1 Evangelio según San Juan: 8, 32.

es la Verdad. Es tu Verdad, la mía, la de todos los seres humanos, ahora mismo.

No es que el ser humano sea Dios. Así como una gota de agua de mar no es el mar. Pero contiene todo lo que forma y contiene el mar, en un grado infinitesimal; y para un átomo, esa gota de agua es un mar.

Cualquier cosa que estés manifestando, que te esté ocurriendo contraria a la Armonía Perfecta, o que tú mismo estés haciendo o sufriendo contraria a la Armonía Perfecta, se debe a una creencia errada que tú creaste, ya lo sabes, y que por reflejo estás lanzando hacia afuera y atrayendo su igual, del exterior. No tiene nada que ver con tu **Yo** superior. Éste continúa perfecto. Sus condiciones y su situación son perfectas.

Ahora, en cada una de las circunstancias enumeradas anteriormente debes recordar lo que acabo de mencionar, primeramente, y luego decir mentalmente o en voz alta, como quieras: «No lo acepto».

Dilo con firmeza, pero con infinita suavidad. Los trabajos mentales **no necesitan** de la fuerza física; ni el pensamiento, ni el espíritu tienen músculos. Cuando tú digas «No lo acepto» hazlo como si dijeras «No me da la gana», tranquilamente, pero con la misma convicción y firmeza, sin gritar, sin violencia, sin un movimiento, sin brusquedad. ¿Me hago comprender?

Después de haber dicho «No lo acepto», recuerda que tu **Yo** superior es perfecto; que sus condiciones son perfectas. Ahora di: «Declaro que la Verdad de este problema es (armonía, amor, inteligencia, justicia, abundancia, vida, salud, etc., cualquiera que sea lo opuesto a la condición negativa que se está manifestando en ese momento). Gracias, Padre, que me has oído».

No tienes por qué creer ciegamente lo que estás leyendo. Debes comprobarlo tú mismo.

En el lenguaje metafísico esto se llama «un tratamiento». Después de todo tratamiento hay que conservar la actitud que se ha declarado. No se puede uno permitir que entre la duda respecto a la eficacia del mismo, ni se puede volver a expresar en palabras los conceptos, opiniones y creencias de antes, porque se destruye, se anula el tratamiento.

El propósito es el de transformar el patrón mental que ha estado dominado en el subconsciente, el clima mental en que has estado viviendo, con toda su serie de circunstancias negativas. San Pablo dijo: *Sois transformados por la renovación de vuestra mente*[2]. Esta renovación se hace cambiando cada creencia antigua a medida que vayan presentándose ante nues-

---

2   Romanos: 12, 2.

tra vida (o a nuestra conciencia), en conocimiento de acuerdo con la Verdad.

Hay convicciones muy arraigadas llamadas en el lenguaje metafísico «cristalizaciones». Éstas requieren más trabajos que otras. Pero cada «negación» y «afirmación» que se haga respecto a estas cristalizaciones van borrando el diseño original hasta que desaparece totalmente y no queda sino la Verdad.

Verás los milagros que ocurren en tu vida, en tu ambiente y en tus condiciones.

Tú no tienes defectos, sino apariencia de defectos. Lo que ves como defectos morales o físicos son transitorios, porque al «conocer la verdad» de tu **Yo** verdadero, tu Cristo, tu Ser Superior perfecto hijo de Dios hecho a semejanza del Padre, comienzan a borrarse las imperfecciones que tú estás presentándole al mundo. Es un hecho constatable. Todo estudiante de metafísica cristiana te puede corroborar lo que acabo de decirte.

Esta es la Gran Verdad. No la olvides jamás. Comienza ahora mismo a practicarla. Mientras más se practica, más se realiza, más se adelanta y más feliz te sentirás.

Recuerda: tú eres único, como tus huellas digitales. Fuiste creado por un diseño único, para un propósito especial que no puede cumplir nadie más que tú. Has tardado catorce mil años para evolucionar a tu sitio de hoy. Las expresiones de Dios son infinitas. Tú y yo somos sólo dos de esas infinitas expresiones. Tu Cristo es un ser inteligente que te ama con delirio y que tiene siglos esperando que lo reconozcas. Llegó el momento. Háblale, consúltale y espera sus respuestas. Es el Guía y Maestro único para ti. Cuando tú llegues a comprender y aceptar esta verdad, será el nacimiento de Cristo para ti. Es lo que está profetizado para esta era. Es el Mesías. No es que Jesús vuelve a nacer ahora. Es que cada uno va a encontrar el Cristo en su conciencia y en su corazón, tal como le ocurrió a Jesús. Por eso lo llamaron «Jesucristo».

El decreto

Cada palabra que se pronuncia es un decreto que se manifiesta en lo exterior. La palabra es el pensamiento hablado.

Jesús dijo dos cosas que no han sido tomadas en serio. Una: «Por tus palabras serás condenado y por tus palabras serás justificado». Esto no significa que los demás nos juzgarán por lo que decimos, aunque esto también es verdad; como habrás visto ya, el Maestro enseñaba Metafísica, sólo que la especie humana no estaba aún lo suficientemente madura para entenderla. En varias ocasiones lo advirtió diciendo que tenía aún muchas otras cosas que decir, pero que no podrían ser comprendidas. En otras ocasiones dijo que aquel que tuviera oídos para oír, que escuchara. La segunda referencia que hizo al poder de la palabra fue: «No es lo que entra por su boca lo que contamina al hombre, sino lo que de su boca sale; porque lo que de la boca sale, del corazón procede». Más claramente no se puede expresar.

Te propongo que pongas atención a todo lo que tú decretas en un solo día. Vamos a recordártelo: «Los negocios están malísimos»; «Las cosas andan muy mal»;

«La juventud está perdida»; «El tráfico está imposible»; «El servicio está insoportable»; «No se consigue servicio»; «No dejes eso rodando porque te lo van a robar»; «Los ladrones están asaltando en todas las esquinas»; «Tengo miedo de salir»; «Mira que te vas a caer»; «Cuidado que te matas»; «Te van a pisar un callo»; «¡Vas a romper eso!»; «Tengo muy mala suerte»; «No puedo comer eso, me hace daño»; «Mi mala memoria…», «mi alergia…», «mi dolor de cabeza…», «mi reumatismo…», «mi mala digestión…», «¡ése es un bandido!», «ésa es una desgraciada». «Tenía que ser, cuándo no». No te sorprendas ni te quejes si al expresarlo lo ves ocurrir. Lo has decretado. Has dado una orden que tiene que ser cumplida. Ahora recuerda y no olvides jamás: cada palabra que pronuncias es un decreto positivo o negativo. Si es positivo se te manifiesta en bien. Si es negativo se te manifiesta en mal; si es contra el prójimo es lo mismo que si lo estuvieras decretando contra ti. **Se te devuelve**. Si es bondadoso y comprensivo hacia el prójimo, recibirás bondad y comprensión de los demás hacia ti. Y cuando te suceda algo molesto, negativo, desagradable, no digas: «¡Pero si yo no estaba pensando ni temiendo que me fuera a suceder esto!». Ten la sinceridad y la humildad de tratar de recordar en cuáles términos te expresaste de algún prójimo. En qué momento saltó de tu corazón un concepto viejísimo, arraigado allá, que tal vez no es sino una costumbre social como la generalidad de esas citadas más arriba y que tú realmente no tienes deseos de seguir usando.

Como el sentimiento que acompaña a un pensamiento es lo que lo graba más firmemente en el subconsciente, el Maestro Jesús, que jamás empleó palabras superfluas, lo expresó muy bien al decir: «Lo que de la boca sale, del corazón procede», y esto nos da la clave inequívoca. El primer sentimiento que nos enseñan es el temor. Nos lo enseñan nuestros padres, primeramente, y luego nuestros maestros de religión. Al sentir temor se nos acelera el corazón. Solemos decir: «Por poco se me sale el corazón por la boca», para demostrar el grado de temor que sentimos en un momento dado. El temor es lo que está por detrás de todas las frases negativas que he citado antes.

San Pablo dijo: «Somos transformados por la renovación de nuestras mentes». Cada vez que te encuentres diciendo una frase negativa, sabrás qué clase de concepto errado tienes arraigado en el subconsciente, sabrás qué clase de sentimiento obedece: temor o desamor, atájalo, bórralo negándolo por mentiroso y afirma la Verdad, si no quieres continuar manifestándolo en tu exterior. Al poco tiempo de esta práctica notarás que tu hablar es otro; que tu modo de pensar es otro. Tú y tu vida se estarán transformando por la renovación de tu mente.

Cuando estés en reunión con otras personas, te darás perfecta cuenta de la clase de conceptos que poseen y los constatarás en todo lo que les ocurra. Siempre que escuches conversaciones negativas no afirmes nada de lo que expresen. Piensa: «No lo acepto ni para mí ni para ellas». No tienes que decírselo a esas personas. Es mejor no divulgar la Verdad que estás aprendiendo, no porque haya que ocultarlo, sino porque hay una máxima ocultista que dice: «Cuando el discípulo está preparado aparece el maestro». Por ley de atracción, todo el que está preparado para subir de grado es automáticamente acercado al que lo pueda adelantar, de manera que no trates de hacer labor de catequista. No obligues a nadie a recibir lecciones sobre la Verdad porque te puedes encontrar que aquellos que tú creías más dispuestos son los que menos simpatizan con ella. A esto se refería Jesús cuando dijo: «No deis lo santo a los perros, ni echéis vuestras perlas delante de los cerdos, no sea que las pisoteen, y se vuelvan y os despedacen».

¿La fe mueve montañas?
¿Por qué y cómo?

*T*odo el mundo conoce el dicho y lo repite a menudo. Lo repite como un loro, pues no sabe en realidad lo que significa, ni por qué ni cómo es eso de que la fe mueve montañas.

Pocos saben que el temor también mueve montañas. El temor y la fe son una misma fuerza. El temor es negativo y la fe es positiva. El temor es fe en el mal. En otras palabras, la convicción de que va a ocurrir lo malo. La fe es la convicción de que lo que va a ocurrir es bueno, o que va a terminar bien. El temor y la fe son las dos caras de una misma medalla.

Fíjate bien. Tú jamás temes que te vaya a suceder algo bueno. Ni tampoco dices jamás «tengo fe en que te va a ocurrir lo malo». La fe siempre se asocia a algo que deseamos, y no creo que desees el mal para ti: a éste le temes, ¿no es así?

Todo lo que tú temes lo atraes y te ocurre. Cuando te ocurre, generalmente dices con aire triunfante: «¡Ajá, yo lo sabía! Lo presentí», y sales corriendo a contarlo y repetirlo como para lucir tus dotes de clarividente. Y lo que en realidad ha sucedido es que lo pensaste con temor. ¿Lo presentiste? Claro. Lo presentiste. Tú mismo lo estás diciendo. Ya tú sabes que todo lo que se piensa sintiendo al mismo tiempo una emoción es lo que se manifiesta o se atrae. Tú lo anticipaste y lo esperaste. Anticipar y esperar es fe.

Ahora fíjate que todo lo que esperas con fe te viene, te sucede. Entonces, si sabes que esto es así, ¿qué te impide usar la fe para todo lo que tú desees? Amor, dinero, salud… Es una ley natural, una ordenanza divina. El Cristo lo enseñó con las siguientes palabras, que conoces: «Todo lo que pidiereis en oración, creyendo, lo recibiréis». No lo he inventado yo. Está en el capítulo 21, versículo 22, de San Mateo. Y San Marcos lo expresa más claro aún: «Todo lo que pidiereis orando, creed que lo recibiréis y os vendrá». San Pablo lo dice en palabras que no tienen otra interpretación: «La fe es la certeza de lo que se espera, la convicción de lo que se ve». Más arriba dije que la fe es la convicción del bien.

Ahora te diré que la convicción viene por el conocimiento. Supongamos que vives en la provincia y que jamás has ido a la capital. Quieres ir a la capital, y tomas el tren, el auto o el avión. Sabes dónde queda la capital y cómo ir a ella. Un día te diriges a la capital y utilizas la forma de transporte que mejor te convenga, pero por el camino no vas temiendo desviarte hacia la Luna, ¿no? Si fueras un indio salvaje podrías estar temblando de pavor por desconocer totalmente lo que te está pasando. Pero, siendo una persona civilizada, vas tranquila, sabiendo que a tal o cual hora llegarás a la capital. ¿Qué es o qué te da esta fe? El conocimiento.

La ignorancia de los Principios de la Creación es lo que hace que el mundo tema el mal, no sepa emplear la fe, ni siquiera sepa lo que ella es.

La fe es convicción, seguridad; pero éstas tienen que estar basadas en el conocimiento de algo. Conoces que existe la capital y vas hacia ella. Por eso sabes que no irás a parar a la Luna.

Ahora sabes que cuando deseas algo, si temes no obtenerlo, no lo obtendrás. Si lo niegas antes de recibirlo, como en el ejemplo dado ya de la oración que dirige a Dios la generalidad de los humanos: «Dios mío, concédeme tal cosa, aunque sé que no me lo darás porque vas a pensar que no me conviene»; no lo obtendrás porque de antemano lo negaste. ¡Has confesado que no lo esperas!

Déjame darte la fórmula metafísica para obtener cualquier cosa que uno desee. Es una fórmula para emplearla en todo. Compruébala por ti mismo. No me lo creas ciegamente.

«Yo deseo tal cosa. En armonía con todo el mundo y de acuerdo con la voluntad divina. Bajo la Gracia y de manera perfecta. Gracias, Padre, que ya me oíste.»

Ahora no dudes por un solo instante. Has empleado la fórmula mágica. Has cumplido con toda la ley y no tardarás en ver tu deseo manifestado. Ten paciencia. Mientras más tranquilo esperes, más pronto verás el resultado. La impaciencia, la tensión y el ponerse a empujar mentalmente destruyen el tratamiento (la fórmula es lo que en metafísica se llama «un tratamiento»).

Para que conozcas lo que has hecho al repetir la fórmula, te voy a explicar el proceso detalladamente. Al tú decir: «En armonía con todo el mundo» has eliminado todo peligro de que tu conveniencia perjudique a otro, como tampoco se te hace posible desear un mal para otro. Al decir: «De acuerdo con la voluntad divina», si lo que deseas es menos que perfecto para ti, verás suceder algo mucho *mejor* de lo que esperabas. En este caso significa que lo que estabas deseando no lo ibas a encontrar suficiente, o no te iba a resultar tan bueno como pensabas. La voluntad de Dios es perfecta.

El decir: «Bajo la Gracia y de manera perfecta» encierra un secreto maravilloso. Pero déjame darte un ejemplo de lo que ocurre cuando no se sabe pedir bajo la Gracia y perfección. Una señora necesitaba urgentemente una suma de dinero, y la pidió así mismo: para el día quince del mes. Tenía absoluta fe de que la recibiría, pero su egoísmo e indiferencia no le inspiraron pedirla con alguna consideración para nadie más. Al día siguiente un automóvil atropelló a su hija, y el día quince del mes recibió la suma exacta que ella había pedido. Se la pagó la compañía de seguros por el accidente de su hija. Ella trabajó contra la ley y contra ella misma.

Pedir «bajo la Gracia y de manera perfecta» es trabajar con la ley espiritual. La Ley de Dios que se manifiesta siempre en el plano espiritual. Allí (en el plano espiritual) todo es perfecto, sin obstáculos, sin inconvenientes, sin tropiezos ni daños para alguno, sin luchas ni esfuerzos, «suavecito, suavecito», todo con gran amor, y ésa es nuestra Verdad. Ésa es la Verdad que al ser conocida nos hace libres.

«Gracias, Padre, que ya me oíste» es la expresión más alta de fe que podamos abrigar. Jesús la enseñó y la aplicaba en todo, desde antes de partir el pan con que alimentó a cinco mil, hasta para decir cómo transformar el vino en su sangre. Dando gracias al Padre antes de ver la manifestación.

Como vas viendo, todo lo que enseñó Jesús fue metafísico.

Todo lo que desees, todo lo que vayas necesitando lo puedes manifestar. El Padre todo lo ha previsto ya, todo lo ha dado ya, pero hay que irlo pidiendo a medida que se sienta la necesidad. Sólo tienes que recordar que no puedes pedir mal para otro, porque se te devuelve a ti, y todo lo que pidas para ti debes pedirlo también para toda la humanidad, ya que todos somos hijos del mismo Padre.

Por ejemplo, pide grande. El Padre es muy rico y no le gusta la mezquindad. No digas: «Ay, Papá Dios, dame una casita. Sólo te pido una casita, aunque sea chiquitica», cuando la realidad es que necesitas una casa muy grande porque tu familia es numerosa. No recibirás sino lo que pides. Pide así: «Padre, dame a mí y a toda la humanidad todas las maravillas de tu Reino», y ahora haz tu lista.

Para ir fortificando la fe, haz una lista de cosas que deseas o que necesitas. Enumera los objetos o las cosas. Al lado de esta lista haz otra enumerando cosas que deseas ver desaparecer, o bien en ti mismo o en lo exterior. En el mismo papel escribe la fórmula que ya te di anteriormente. Ahora, lee tu papel todas las noches. No debes sentir la menor duda. Da las gracias de nuevo cuantas veces pienses en lo que has escrito. A medida que veas que se te van realizando las cosas enumeradas, ve tachándolas. Y al final, cuando las veas realizadas todas, no vayas a ser tan mal agradecido de pensar: «Tal vez se me iban a dar de todas maneras», porque es mentira. Se te dieron porque las pediste correctamente. Lo exterior se acomodó para dejártelas pasar.

Como ya estás muy habituado a sentir temor por una variedad de razones, cada vez que te encuentres atacado por un temor, repite la fórmula siguiente, que te irá borrando el reflejo que tienes grabado en el subconsciente: «Yo no tengo miedo. No quiero el temor. Dios es amor y en toda la Creación no hay nada a que temer. Yo tengo fe. Quiero sentir fe».

Un gran maestro decía: «A lo único que se debe temer es al temor». La fórmula la debes repetir aun cuando estés temblando de terror. En ese momento, con mayor razón. Solamente el deseo de no temer, y el deseo de tener fe bastan para cancelar todos los efectos del temor, y para situarnos en el polo positivo de la fe.

Supongo que ya conoces el principio psicológico según el cual cuando se borra una costumbre hay que sustituirla por otra. Cada vez que se niega o se rechaza una idea cristalizada en el subconsciente, se borra ésta un poquito. El pequeño vacío que por ello se hace hay que llenarlo inmediatamente con una idea contraria. Si no, el vacío atraerá ideas de la misma clase y que siempre están suspendidas en la atmósfera, pensadas por otros. Poco a poco irás viendo que tus temores desaparecen, si es que tienes la voluntad de ser constante, repitiendo la fórmula en todas las circunstancias que se vayan presentando.

Poco a poco irás viendo que únicamente te sucederán las cosas como tú las deseas. «Por sus frutos los conoceréis», dijo Jesús.

Este gran instrumento —el «poder del decreto»— se presenta a nuestra atención en aquella extraordinaria historia de la creación que encontramos en los dos primeros capítulos del *Génesis* en la Biblia. Yo sugiero que tomes tiempo ahora para leer este maravilloso relato. Mientras lees te darás cuenta de que el hombre (esto quiere decir tú y yo) no fue creado para ser la pieza de juego de las circunstancias, la víctima de las condiciones o un títere movido de un lado para otro por poderes fuera de su dominio. En lugar de esto encontramos que el hombre ocupa el pináculo de la creación; que, lejos de ser lo más insignificante del universo, es, por la misma naturaleza de los poderes que le ha dado su Creador, la suprema autoridad designada por Dios para regir la tierra y toda cosa creada. El hombre está dotado de los poderes mismos del Creador porque es «hecho a su imagen y según su semejanza». El hombre es el instrumento por medio del cual la sabiduría, el amor, la vida y el poder del espíritu Creador se expresan en plenitud.

Dios situó al hombre en un universo respondedor y obediente (incluyendo su cuerpo, sus asuntos, su ambiente) que no tiene otra alternativa que llevar a efecto los edictos o decretos de su suprema autoridad.

El poder de decretar es absoluto en el hombre; el dominio que Dios le dio, irrevocable; y, aunque la naturaleza básica del universo es buena en la evaluación del Creador, puede aparecer ante el hombre solamente como él decrete que aparezca. Vemos que mientras el hombre fue obediente a su Creador, mantuvo su poder de pensar y hacer decretos a tono con el Espíritu del Bien que es la estructura de la Creación, vivió en un universo de bien, un «Jardín del Edén». Pero cuando el hombre «cayó» al comer del árbol del conocimiento del bien y del mal, y eligió basar su pensamiento y usar sus poderes en el bien y en el mal —lo que como agente libre podía hacer—, inmediatamente encontró sudor y cardos mezclados con su pan de cada día. Desde la «caída» el hombre se ha atareado declarando su mundo bueno o malo y sus experiencias han sido de acuerdo con sus decretos. Esto demuestra evidentemente cómo responde el Universo y cuán completos y de largo alcance son el dominio y la autoridad del hombre.

Amor

*S*ólo te falta este capítulo para terminar de conocer el primer principio de la Creación: El principio de Mentalismo cuyo lema es: «Todo es Mente».

Jesucristo dijo: «Sois dioses» (Evangelio según San Juan, Cap. 10-34). Así como la Creación, toda ella, fue un pensamiento manifestado, así el hombre, que es un dios en potencia, crea con el pensamiento todo lo que él ve manifestado a igualdad y semejanza de su Creador. Esto ya lo aprendiste. También has aprendido la mecánica de esta creación mental; el carácter (positivo-negativo) de lo creado; la fuerza (fe o temor) que determina el carácter; la manera de cambiar el aspecto exterior de lo que hayas creado (negando y afirmando); el poder de la palabra; que es el pensamiento hablado y que por lo tanto confirma las órdenes que has dado con tus pensamientos; y finalmente la fórmula infalible para crear, manifestar y obtener lo mejor, lo más alto, lo perfecto: «Conociendo la Verdad», en acatamiento a la ordenanza del maestro Jesús. Sabes que esta Verdad es que fuimos creados perfectos por un Creador perfecto, con la esencia perfecta de Él mismo, con libre albedrío para crear de manera positiva o negativa;

por lo tanto, el «mal» no es una creación de Dios. No tiene ningún poder frente a la Verdad, que desaparece al sustituir el pensamiento, y la palabra positiva. Jesús dijo: «No resistáis al mal» (San Mateo, 5-39). O sea, que domináramos el mal con el bien. La Verdad única es el bien.

De ahora en adelante no podrás jamás volver a culpar a nadie de lo que te ocurra. Tendrás que mirarte frente a frente y preguntarte: «¿Cómo fue mi clima mental en esta circunstancia? ¿Fue positivo o negativo? ¿He sentido fe o temor? ¿Qué especie de decretos he lanzado con mis palabras?». «Por sus frutos los conoceréis.» Tendrás que sincerarte y contestar la verdad. ¿Te complace lo que estás viendo o te desagrada? Tú dirás.

Ahora, en metafísica cristiana decimos que Dios tiene siete aspectos: Amor, Verdad, Vida, Inteligencia, Alma, Espíritu y Principio. Como ves, todos estos aspectos son estados invisibles, mentales. No los podemos ver ni tocar. Sentimos y apreciamos sus efectos. Existen, actúan, son reales, son cosas y ninguno se puede negar.

Amor se le llama al carácter de Dios, el primer aspecto de Dios, la fuerza más potente de todas las fuerzas y la más sensible. Pocas personas saben lo que es realmente el amor. La mayoría cree que es aquello que se siente hacia los padres, los hijos, los esposos, los enamorados, etc. Afecto, cariño, atracción, antipatía y odio son todos diferentes grados de una misma cosa: sensación. El amor es muy complejo y no se puede definir con una sola palabra, pero ya que en nuestro planeta se entiende por amor la sensación, y aunque ésta no es sino, como quien dice, el bordecito exterior del amor, tratemos de acercar la sensación lo más que se pueda al amor, para comenzar a comprenderlo. El punto central en la escala que va desde el odio hasta el sentimiento que aquí llamamos «amor» es la tolerancia y la buena voluntad.

Parece una contradicción, pero cuando se «ama» mucho, mucho o demasiado, faltan tolerancia y buena voluntad. Cuando se odia, faltan la tolerancia y la buena voluntad. O sea, que tanto el excesivo amor como el excesivo desamor son la negación de la tolerancia y la buena voluntad. Jesús dijo: «Paz a los hombres de buena voluntad», lo cual implica que lo que pase de allí no trae paz. La paz está en el centro, el perfecto equilibrio, ni más, ni menos, en todo. Todos los excesos, aun de bien (exceso de dinero, de amor, de caridad, de oración, de sacrificio), desequilibran el peso de la balanza; llevan más hacia uno de los lados, y quitan la paz. Cuando en el *Génesis* dice: «De todos los frutos del paraíso podéis comer, salvo del fruto del árbol de la ciencia del bien y del mal», se refiere a eso precisamente. El tronco de árbol simboliza el centro, el equilibrio. Las ramas parten de ese centro, desprendiéndose hacia todos lados produciendo «frutos». Algunos se manifiestan buenos, otros malos. Simbolizan los extremos. Verás, pues, que «el fruto prohibido» que tanta tribulación ha causado en el mundo no es otra cosa que los extremos. Con respecto al exceso en todos los extremos, pues Dios, que todo lo creó, declaró toda su obra «buena» (léelo en el Génesis) y sólo menciona la palabra «mal» con respecto al exceso.

Un paréntesis para recomendarte que leas y medites el capítulo de *Eclesiastés* que comienza: «Todo tiene su tiempo...».

Volvamos al amor. Aquellas madres que dicen amar tanto a sus hijos que no les permiten separarse del nido, ni casarse, ni actuar independientemente de ellas cuando ya son hombres y mujeres mayores de edad, no aman. Son egoístas y lo que sienten es deseo de posesión. Aquellas novias y esposas que sufren torturas de celos, igualmente. Estos tipos de «amor» no son otra cosa que «exceso de sentimiento». Sobrepasan la medida y por lo tanto se van muy lejos de la tolerancia y la buena voluntad.

Por lo general, el «exceso de sentimiento» prueba que hay falta de desarrollo de la inteligencia. Esto sin duda causará indignación en aquellas personas que se llenan la boca diciéndose «muy sentimentales». A nadie le agrada que otro le descubra su falta de inteligencia, pero pueden comprobarlo. El desbordamiento de emotividad, como todo exceso, es «malo». Es prueba de que falta lo que le haga contrapeso. Mucho calor, por ejemplo, se equilibra con igual cantidad de frío, para llevarlo a ser soportable o desagradable. La inteligencia es fría. La emoción es cálida. Una gran capacidad emotiva es una cualidad magnífica y muy deseable, siempre que esté equilibrada con igual capacidad intelectual. Esto es lo que producen los grandes artistas, aunque a través del arte vuelcan toda su potencia emotiva. En cambio, la persona exageradamente emotiva y con poco desarrollo intelectual vierte toda su pasión en los seres humanos que la rodean, pretende atarlos y que cumplan su antojo.

El remedio para la excesiva emotividad es pensar y reflexionar mucho, sobre todo ponerse a meditar durante un rato y diariamente, en la inteligencia. Comenzar por preguntarse qué cosa es la inteligencia y continuar pensando en que todo contiene inteligencia en el Universo: las plantas, los animales, etc., y terminando por afirmar: «**Yo Soy** inteligente, con la inteligencia de Dios mismo, ya que soy creado de la esencia misma del Creador; por la inteligencia, con la inteligencia y de la inteligencia de Dios». A los pocos días de repetir este tratamiento se notará ya un cambio en la elasticidad y la penetración mental; y con sólo una semana del ejercicio se aprecia la transformación en la forma de amar a los demás, una serenidad y una generosidad peculiar que uno nunca se hubiera creído capaz de expresar. Al mismo tiempo se nota un cambio total en los demás hacia uno mismo. Esto se debe a que somos «individuos», en otras palabras, indivisibles; y lo que afecta a uno afecta a todos. El escalón que tú subas ayuda a toda la especie.

Ahora pasaremos a tratar el enemigo número uno de toda la humanidad: el resentimiento y el rencor, por no decir el odio. Casi no hay seres humanos que estén exentos de resentimientos, sin saber que esto amarga la vida entera, influencia en mal toda manifestación y es causa de todas las decepciones que sufrimos, aun cuando se aprenda a «negar y afirmar», a «conocer la Verdad», a vigilar y corregir los pensamientos y las palabras. Un solo resentimiento, un rencor grabado en el subconsciente y en el alma actúan como una fuentecita de hiel emanando su gota de amargura, tiñéndolo todo y contrariando sorpresivamente nuestros mayores anhelos. ¡Nada, ni la demostración más perfecta puede perdurar mientras exista aquel foco infeccioso que malogra nuestro propio ser! La Biblia, las iglesias, las

religiones se cansan de abogar por el perdón y el amor
hacia los enemigos; y todo es en vano mientras no en-
señen la forma práctica de imponernos el perdón hacia
los que nos hieren. Mucho se escucha decir: «Yo per-
dono, pero no puedo olvidar». Mentira. Mientras uno
recuerde un daño, no lo ha perdonado.

Vamos a dar la fórmula infalible para perdonar y
olvidar al mismo tiempo, para nuestra propia conveniencia, ya que esto nos establece en el punto central
del equilibrio, el de la tolerancia y la buena voluntad
y siendo este esfuerzo **amor**. San Juan, el apóstol del
amor, dice: «El amor es el cumplimiento de la ley».
Cumplir con la ley del amor es cumplir con todas las
leyes. Es estar con Dios, en Dios, es ser dichosos, sa-
tisfechos y completos en todas nuestras manifestaciones. Mi maestro decía: «El hombre que ama bien es el
hombre más maravilloso del mundo».

Y aquí la receta para bien amar: cada vez que sientas algo desagradable hacia otro, o bien te encuentres
resentido por algo que te hayan hecho, o te reconozcas
un franco rencor o un deseo de venganza, ponte delibe-
radamente a recordar (no es tratar de olvidar lo de ahora) todo lo bueno que conoces de aquella otra persona.
Trata de revivir los ratos agradables que gozaste en su
compañía, en tiempos pasados, anteriormente al momento que te hirió. Insiste en rememorar lo bueno, sus

buenas cualidades, la forma en que pensabas de ella. Si logras reírte de algún chiste que dijo o de algo cómico que gozaron juntos, el milagro se ha hecho. Si no basta con un solo tratamiento, repítelo tantas veces como sea necesario para borrar el rencor o resentimiento. Te conviene hacerlo, «hasta setenta veces siete».

Esto es el cumplimiento de la ley dada por Jesús: «No resistáis al mal». Esto es volver la otra mejilla. Es amar a los enemigos, bendecir a los que nos maldicen, hacer bien a los que nos aborrecen y orar por los que nos ultrajan y persiguen, todo sin exponernos a que nos pisoteen. Si lo haces con sinceridad te vas a dar cuenta de algo muy extraño, y es que te sentirás liberado, primeramente, y luego que una montaña de pequeños inconvenientes que te ocurrían y que no sabías a qué atribuir desaparecen como por encanto, y tu vida marcha sobre rieles. Además de que te verás amado por todo el mundo, aun por aquellas personas que antes no te quisieron bien.

Negaciones y afirmaciones

*F*rente a una enfermedad (propia o ajena):

Niego la apariencia de toda afección física. No la acepto ni para mí ni para nadie. La única verdad radica en el espíritu y todo lo inferior se amolda a mi palabra, al yo reconocer la Verdad. En nombre de Jesucristo que nos autorizó, decreto que yo y todos somos Vida. La Vida es salud, fuerza y alegría. Gracias, Padre, que me has oído.

*F*rente a todo temor (propio o ajeno):

Niego el temor. Dios no creó el temór, luego no tiene otra existencia que la que yo le quiera dar, y yo no acepto, no deseo más esta apariencia creada por mí. Suelto y dejo ir toda sombra de temor en mí (o en ti). Juan Apóstol dijo: «El amor desarraiga todo temor». Dios es amor, «**Yo Soy**» su hijo, soy hecho en, por y de amor. Ésta es la Verdad. Gracias, Padre.

*F*rente a toda tristeza (propia o ajena):

Niego la propia existencia de esta tristeza (pena o depresión); Dios no la autoriza. Borro en mí toda tendencia a la negatividad. No la necesito. No la acepto. Dios es dicha, gozo, alegría. «**Yo Soy**» dicha, gozo, alegría. Gracias, Padre, por… (comienza a enumerar todo lo que tengas, hasta lo más insignificante).

*F*rente a cualquier fallo o escasez:

Niego toda apariencia de escasez. No es la Verdad, no la puedo aceptar, no la quiero. La abundancia de todo es la Verdad. Mi mundo contiene todo. Ya está todo previsto, todo dado por un Padre todo amor, sólo tengo que reclamar mi bien. Señálame el camino, Padre; habla, que tu hijo te escucha. Gracias, Padre.

*F*rente a todo lo que no sea armonioso:

Niego la inarmonía. No acepto esta apariencia de conflicto. Dios es armonía perfecta. En el espíritu no hay choque, ni contrariedad, ni lucha, ni cosa alguna que se oponga al cumplimiento de la perfecta armonía. Gracias, Padre, bendigo tu armonía en esta circunstancia.

*P*or la paz mundial y frente a toda apariencia contraria:

Gracias, Padre, que eres Paz. Gracias, Padre, que nada de lo que está contrariando este hecho tiene consistencia alguna, que todo es creación de los que te ignoran. Perdónalos, que no saben lo que hacen. Hágase Tu voluntad aquí en la Tierra como es en Ti. Gracias, Padre.

* * *

Todo lo anterior te lo doy para que aprendas a formular tú mismo tus oraciones. Como todo el día estamos pensando y decretando, todo el día estamos orando, en forma negativa o en forma positiva, y creando nuestras propias condiciones, estados y sucesos.

Lo importante es mantenerse en el ánimo que expresa la oración. Si después de afirmar te dejas regresar al polo negativo, destruyes el efecto de la oración. Cuida tus pensamientos, tus palabras. No te dejes arrastrar por lo que expresen otros. Recuerda que ellos ignoran lo que tú ya vas conociendo.

Lo que pienses y pidas para ti, piénsalo también para los demás. Todos somos uno en espíritu y ésa es la forma más efectiva de dar. Mejor que pan y limosna, ya que el pan y la limosna duran sólo unos instantes, mientras que la Verdad se queda con el otro para siempre. Tarde o temprano tu don espiritual le entrará en la mente consciente y habrás hecho labor de salvación en un hermano. El Principio del Ritmo, que es la ley del péndulo, el bumerán, te devuelve el bien que haces (al igual que el mal).

Se ha dicho que «uno con Dios es la mayoría»; de manera que una sola persona que eleve su conciencia al plano espiritual y reconozca la Verdad, en la forma expresada más arriba, es capaz de salvar de la ruina a una organización, salvar de la crisis a una comunidad, una ciudad o una nación, porque actúa en el plano espiritual que es la Verdad y ésta domina a todos los planos inferiores. «Conoced la Verdad y ella os hará libres.»

Lecturas recomendadas

- *El Sermón del Monte*, por Emmet Fox.
- *Lecciones sobre la Verdad*, por H./Emilie Cady.
- *La Palabra Diaria*, suscripción mensual.
- *El Kybalyon*, por Tres Iniciados, Editorial Kier, Buenos Aires.

  Los tres primeros se obtienen escribiendo a Unity Panamericano, núm. 100 West 73rd. St. New York, 23, N.Y., que es el Centro Hispano de Unity School of Christianity.

Significado Metafísico de los Diez Mandamientos de Moisés

Parece ser que aún no se ha podido comprobar si Moisés era lo que dice la Biblia, o si era realmente el hijo de una princesa egipcia hermana de Ramsés II. Su nombre significa «Extraído de las Aguas» (en el simbolismo bíblico) y como la Biblia, en gran parte, está formada por relatos simbólicos destinados a proteger la gran Verdad contra las interpretaciones erróneas de aquellos que no tengan la madurez necesaria para ponerla en práctica, es muy posible que todo el relato bíblico, respecto a su nacimiento hebreo y su adopción por la princesa, sea también simbólico y no histórico.

En todo caso, la verdad de su procedencia no afecta lo que él enseñó. Moisés sí fue un gran iluminado, un gran maestro de la Verdad metafísica, que no solamente libertó al pueblo hebreo de la esclavitud y las condiciones infrahumanas en que se hallaba, sino que también enseñó a muchas tribus errantes que se fueron agregando a su grupo en el desierto; y por esta razón fue que tantas razas distintas, descendidas de aquellas tribus, adquirieron el culto monoteísta (a un solo Dios), conservándolo hasta hoy.

Tal abigarramiento de gentes, algunos totalmente primitivos, que no sabían respetar lo ajeno; que mataban a otro porque les molestaba; que dejaban perecer de mengua a los ancianos porque representaban, cada uno, una boca más; para quienes una mujer no era sino una hembra perteneciente a todos; y otros no tan primitivos, como los judíos, que habían vivido esclavos de los egipcios, pero que no habían conocido otra cosa que el trabajo de sol a sol, sin tregua ni descanso, en la convivencia con los idólatras habían adoptado estas creencias y olvidado el culto de sus antepasados; obligó a Moisés a formular un código de leyes, simple, escueto, al nivel mental de todos, expresadas en lenguaje casi infantil, pero con castigos durísimos por cada infracción, y basadas en la amenaza y el terror, ya que ésta es la única forma de domar a una bestia salvaje.

Moisés había sido educado en el templo de Helió-polis, que era, como quien dice, una universidad. Allí se enseñaba lo que llamaban Geometría en aquel entonces, y que incluía no solamente las Matemáticas, sino la Metafísica, la Astrología, la Numerología (significado de los números) y un simbolismo triple que usaban los de aquellos tiempos para dejar registrada su sabiduría, al servicio de las generaciones futuras, a medida que evolucionaran.

El primer aspecto de esta simbología era sencillo, se refiere a la vida y mundo de los humanos. El segundo aspecto es metafísico. Trata la misma condición, pero en el plano mental. El tercero es **jeroglífico** pero lo trata en el plano espiritual, y este último aspecto es tan profundo que se dice no ser inteligible sino para los espíritus puros. Y aquí está nuestra primera exposición del Principio de Correspondencia que dice: «Como es arriba es abajo; como es abajo es arriba». Abajo significa, en el plano material, en las condiciones humanas, en lo visible. Arriba se refiere a lo invisible, a lo mental y por supuesto a lo abstracto, espiritual.

Lo que dice el Principio de Correspondencia es que las leyes todas actúan en todos los planos, y que las condiciones en un plano se repiten en el plano superior como también en el plano inferior. Esto lo irás viendo claro de aquí en adelante.

Así elaboró Moisés sus Diez Mandamientos o «Sepher Bereshit» (como se llama este código de leyes en idioma hebreo), para que la humanidad, a medida que fuera evolucionando y despertando, se fuera iniciando en la enseñanza superior; y la siguiente interpretación no es invento de ningún hombre: fue dejada en claves conocidas por los muy adelantados, pero mantenidas ocultas al través de estos milenios. Como verás luego, ya la humanidad aprendió la primera lección, aprendió a obedecer la ley en su primer aspecto. La mayoría es adulta mental y moralmente. Hay un gran sector de la humanidad que ya está protestando en su interior por las contradicciones que hay entre el dogma y el sentido común, y ésta es la señal que indica el momento de dar el paso hacia adelante. La mayoría, pues, comienza a razonar en escala alta.

En síntesis, los diez mandamientos dicen:

1) No hay sino un Dios.

2) No fabricarás imágenes, no las adorarás ni les rendirás culto.

3) No tomarás en vano el nombre del Señor, tu Dios.

4) Acuérdate de santificar el día séptimo.

5) Honra a tu padre y a tu madre.

6) No matarás.

7) No cometerás adulterio.

8) No hurtarás.

9) No levantarás falso testimonio.

10) No codiciarás.

Este grupo de leyes se dividen en dos grupos. Ocho mandamientos aparentan ser prohibiciones y comienzan con la palabra «No». Éstos son los número uno, dos, tres, seis, siete, ocho, nueve y diez. Los números cuatro y cinco son recomendaciones. A primera vista, el ser humano que aún no ha aprendido a razonar en el plano mental-espiritual los entiende como prohibiciones o normas de conducta. Esto era necesario para que la gran mayoría de la humanidad recibiera la noticia, y luego se acostumbrara a no matar, no robar, no mentir, no codiciar, a pensar en el prójimo y a la idea de un solo Dios.

En tiempos de Moisés, la población del mundo se hallaba reducida a un número y a un sector de la Tierra relativamente muy pequeños. Sin embargo, en esa área y ese número pequeños, la gran mayoría era totalmente ignorante; y el resto menos ignorante sólo contaba con algunos realmente adelantados, o educados. A la gran masa humana de hoy le ha costado tremendos golpes y porrazos, individuales y colectivos, aprender a comportarse habitualmente de acuerdo con las reglas de ética sentadas por Moisés; y aun visto por encima diríamos que no es así. Diríamos que la humanidad sigue matando, robando y mintiendo como si tal cosa, pero esto no es la verdad. No es verdad con respecto a la gran mayoría, que desea la libertad de adorar al Dios único como a ella mejor le plazca. La gran mayoría ya no roba, ni mata. La gran mayoría ama y cuida a sus ancianos; y, finalmente, la Tierra entera conoce y cumple la recomendación de descansar un día por semana, el domingo.

Es la minoría la que rompe las leyes terrenas. Es una minoría muy reducida la que vive en las cárceles. Es la minoría la que desconoce a Dios; y finalmente, si aún existen humanos que ignoran que hay una cosa llamada «la ley» para castigar al que se comporte mal, ésos son la gran excepción que comprueba el adelanto de la mayoría.

Ha llegado, pues, el momento merecido ya por la gran mayoría humana de dar el próximo paso adelante, de recibir y comprender el segundo aspecto de la trilogía simbólica ya mencionada (el que trata del plano mental), porque el tercer aspecto, el jeroglífico, no lo comprenderemos hasta que seamos limpios de todo error; cuando se nos pueda catalogar de «espíritus puros», una vez que hayamos aprendido a amarnos los unos a los otros. Y vamos al grano.

Los tres primeros mandamientos exponen el principio de Mentalismo ya tratado anteriormente, de manera que no los vamos a desentrañar sino al final, después de exponer lo que encierran los mandamientos números seis, ocho, nueve y diez: «No matarás», «No hurtarás», «No levantarás falsos testimonios» y «No codiciarás», respectivamente.

Para principiar a poner en claro, el vocablo «No» no tiene la misma intención de aquellos afiches que nos colocan en puntos determinados de las ciudades y que dicen: «No tirar basura», «No pise el césped». Éstos son actos que la ciudadanía puede cometer, pero que no debe, y así se lo ordena la autoridad. El «no» de los mandamientos significa «no puedes» por más que lo intentes, que es inútil y absurdo que sigas creyendo que lo puedes hacer porque no lo lograrás. Mi Maestro decía que el «no» del *Pentateuco* equivale, en el idioma de hoy, a que alguien dijera: «No atravesarás a nado el océano Atlántico». ¿Por qué? Porque ya sabes que no lo puedes intentar siquiera. No posees la fuerza.

No matarás

El cuerpo material no tiene voluntad propia. No puede oponerse ni mandar. La vida está en el espíritu, en el alma, en el Yo Superior. Al ésta abandonar el cuerpo de carne y hueso sólo queda la masa inerte, sin la vida. De manera que podrías encajar un puñal en el cuerpo de Fulano, podrías echar cianuro en el café de Zutano; podrían sus cuerpos dejar de existir en el plano terreno, pero ellos continuarían llenos de vida y conscientes en el plano que sigue, y lo único que habrías logrado es hacer que la Ley del Ritmo, al devolverse, te golpee a ti. Morirás por mano de otro o por «accidente». Los conocidos dichos «Ojo por ojo, diente por diente» de la Biblia y el popular «El que a hierro mata, a hierro muere», no son mitos. Sólo que no es Dios quien castiga (como se cree), sino sus leyes; su principio rige en todo el universo y en todos los planos, tanto para retribuir el bien como para cobrar el mal. No en vano se dice que «el orden es la primera ley del Cielo», y Jesús dijo: «Hasta los cabellos de tu cabeza están contados».

Ahora verás mejor lo dicho referente a que ningún mal te puede venir de afuera. Nadie puede hacerte un daño si en tu «récord» no aparece que tú hayas hecho un daño similar a otro. Nadie puede «matar» tu reputación, ni tu negocio, ni tu felicidad, ni tu hogar, ni ninguna otra pertenencia tuya; ni tú puedes matar nada de eso en otro, ni existen accidentes ni casualidades. Las grandes leyes te protegen. Ya la gran mayoría se siente incapaz de asesinar al prójimo. Ya es mucho. Pero ahora viene el segundo aspecto del mandamiento a decirnos que es inútil intentar dañar a otro o a sus pertenencias por medio de la calumnia, el chisme, la mentira o el «truco», y que lo único que se logra con eso es que la ley devuelva idéntico mal al que lo intenta. El bumerán regresa inevitablemente hacia el punto en el que fue lanzado.

Y ahora con respecto a darle muerte a un insecto o a un animal. **El sentido común es la forma de expresarse la Sabiduría Divina a través del hombre**. Apréndete esta máxima de memoria, repítela y recuérdala cada vez que te enfrentes a una circunstancia dudosa. Detente ahora y repítela hasta que la aprendas.

Somos los hermanos mayores de toda manifestación de la vida inferior a la nuestra. La vida es toda una sola expresándose a través de todo lo que ella pueda animar. Los insectos, las aves y los animales son seres humanos en potencia. Están en etapas muy tempranas de su evolución y algún día, después de muchos, muchos milenios adquiriendo sustancia y materiales, experiencias y prácticas, elevándose de forma en forma, de reino en reino, llegarán a condensar todo esto en la forma exterior de un ser humano. Casi nunca se retrocede. Es decir, que se puede estacionar y retardar, desviar y optar por un camino distinto, pero el ejemplo de no retroceder jamás lo da nuestra Tierra. Ella jamás vuelve sobre sus pasos. Empleó millones de años en transformarse de nebulosa en planeta y de allí en producir seres vivientes. El día jamás se devuelve de las siete de la noche a las doce del mediodía del mismo día. El hombre no puede destruir su esencia para renacer en un animal. Sabiendo todo esto, al contemplar un animalito viviente debe darnos una compasión muy grande pensar el trabajo que está haciendo y que le está costando aprender a movilizarse, a adaptarse y manejarse en su mundito de una dimensión, y que al destriparlo con el pie le estamos cortando en seco su minúscula aunque valiosa experiencia. Esto lo aprenderás mejor en el Principio de Vibración. **Pero**… (Y es un pero muy grande) la Sabiduría Divina, a través del sentido común, nos convierte en jueces aun siendo los hermanos mayores.

Vamos a decir que un día en nuestra casa limpia, ordenada y aseada, aparece una cucaracha o una chinche. Estoy cansada de verte dar el salto con el zapato en la mano, y ¡**Grrrac**! pereció la pobre. Y ahora me dirás: ¡Pero cómo! ¿Voy a dejar que se llene mi casa de esos animales? No, en absoluto. No puedes ni debes permitir que permanezca ni un segundo más bajo tu mismo lecho. Tú, en tu carácter de hermano mayor, tienes el deber de vigilar, de enseñar, de corregir y de frenar a tus hermanos menores. No puedes permitirles que aumenten indebidamente ni que se introduzcan en donde no pertenecen. Tampoco debes permitir que otro, ni siquiera un animalito irracional, abuse de ti. Si lo permites, haces mal. Pero para eso tienes la mente que esos seres no tienen aún, y por eso dijo Moisés en el *Génesis* (Cap. 1, ver. 26): «Hagamos al hombre a nuestra imagen, conforme a nuestra semejanza; y señores en los peces del mar, en las aves de los cielos, en las bestias, en toda la Tierra y en todo animal que se arrastra sobre la tierra. Y creó Dios al hombre a su imagen, a imagen de Dios lo creó». Fíjate que esto último lo dice tres veces. Cuando la Biblia repite tres veces significa que la frase tiene idéntico significado en los tres planos. En otras palabras, que no ha de buscársele interpretación metafísica o jeroglífica; que ella expresa una verdad eterna y fundamental.

Ahora, los animales, o seres irracionales, no tienen un espíritu (digamos) individual. Tienen lo que llamamos «espíritu grupo», o sea, que el gran conjunto de cada especie forma un espíritu; o tal vez no sea sino una partícula de un espíritu. (Eso no lo puedo conocer. No he llegado a esas alturas.) Lo cierto es que ellos (los seres irracionales) actúan en grupo y por líneas ya determinadas de acción. Por ejemplo, las abejas. Un tipo de abeja obedece al instinto de construir panales de cera. Otro al instinto de atender a la reina, y así sucesivamente. Son acciones automáticas. Ellas individualmente no piensan. Piensa por ella el gran conjunto que forma una mente, y las guía por medio del instinto (podríamos decir). Empleando la Ley de Correspondencia, veamos cómo corresponde esta actuación mecánica de las abejas a una situación similar en el reino humano. En la construcción de un edificio, por ejemplo, hay los muchachos cargadores de agua. Hay albañiles que pegan ladrillos. Hay carpinteros que hacen puertas. Hay los obreros especializados en molduras, pinturas, adornos. Y todos trabajan casi mecánicamente, cada uno en su línea determinada, todos cumpliendo algo que está en la mente del arquitecto. En el hombre ¿qué corresponde? Los pies hacen el trabajo automático de caminar. Las manos, de maniobrar. Los ojos, de mirar. Los oídos de escuchar, etc. Y todo obedece al impulso que envía la mente a través de líneas, que llamamos «nervios» en el hombre.

Sabiendo esto, cuando encuentres un insecto fuera de lugar, frena tu primer impulso de aniquilarlo. El espíritu de su grupo está a tu misma altura mental; forma parte de la mente universal; lo contactas al dirigir tu mente hacia él. Simplemente dile: «Aquí hay una célula tuya que se encuentra fuera de su ambiente. No es armoniosa a mi ambiente. Dios es armonía perfecta. Llévatela».

Sentirás una gran emoción al ver que el insecto se detiene inmóvil, como recibiendo la onda y al minuto corre a desaparecerse. No lo volverás a ver. Y en el caso de que tu propia conciencia no está aún segura de la Verdad que te acabo de enseñar, bien sea porque sientas dudas del resultado, o que hagas el «tratamiento» con **demasiada violencia** y ves que el animal continúa molestándote, dale tres «oportunidades». Dile al espíritu grupo: «Si no te lo llevas pronto, voy a tener que matarlo». Generalmente no te verás en el caso de matarlo. En muy pocos casos se resiste a irse. Sólo cuando él mismo está buscando la muerte porque ya ha vivido su vida; y en ese caso (cuando te lo indique tu sentido común, que es la Sabiduría Divina en ti) mátalo con un golpe fuerte y seco. No lo dejes a medio vivir, agonizando. Y sin violencia de tu ánimo, sin rabia ni disgusto, dile: «Que evoluciones en mejor especie». Todo depende de la intención y el pensamiento con que se ejecute.

Hay sectas y órdenes de las que se dicen «ocultistas» que no comen carne. Alegan que las vibraciones de dolor del animal al ser matado contaminan el alma humana; alegan también que las vibraciones de la especie inferior degradan el ser. El Maestro Jesús negó esta creencia cuando dijo: «No es lo que entra por su boca lo que contamina al hombre, sino lo que de su boca sale; porque lo que sale de la boca del corazón procede». Ya conociste la explicación de esta lección en el Capítulo «El decreto». Y de acuerdo con Moisés repetimos: «Nadie ni nada puede dañarnos de afuera, a menos que lo hayamos merecido; a menos que lo aceptemos por creer que sí es posible». Pero cuando conocemos esta Verdad y la recordamos siempre, nada ni nadie puede causarnos daño alguno.

El gusto por comer carne, o la necesidad de la carne como alimento, sólo significa que el individuo aún conserva una cantidad de su naturaleza animal (animal carnívoro, se entiende). No ha llegado aún al punto en que sus células pueden prescindir del alimento ingerido del exterior, eso es todo; porque el limitarse obligatoriamente a comer frutas y verduras no es una prueba de elevación espiritual, ya que la vaca y el caballo no comen sino hierba y granos.

Nada más entrar a estudiar Metafísica, o enseñanza superior, comienzan a limpiarse las células del cuerpo por el hecho de que se empieza a vivir en un mundo mental-espiritual, y, de acuerdo con el Principio de

Correspondencia, «Como es abajo es arriba, como es arriba es abajo». Todo el ser evoluciona a la vez. El estudiante nota, tarde o temprano, que comienza a no necesitar la carne como alimento, y llega a aborrecerla sin que nada ni nadie lo fuerce a ello.

Algo muy importante: cuando estudies el Principio de Vibración podrás comprobar la verdad científica según la cual es imposible que una vibración de menor frecuencia pueda dominar a una de mayor frecuencia. El animal vibra en un plano inferior al hombre; ¿cómo podrá jamás afectar a éste? Únicamente bajo una condición: que el hombre esté ignorante del Principio de Vibración y haga posible el ser afectado por las vibraciones del animal. Al creerlo, lo está aceptando y por lo tanto sometiéndose a una ley inferior a él.

Por esta misma razón es por lo que no se puede matar. La vida es positiva. La muerte es negativa, es la negación de la vida. La vida es indestructible. No puedes matar por más que lo intentes.

No robarás

Ya conoces el segundo aspecto, metafísico o superior, de este mandamiento. No puedes robar. ¡No podrás jamás! No lo intentes. No te molestes en soñarlo siquiera. Es imposible. Nadie te puede quitar algo que te pertenece. Podrán intentarlo; podrán llegar a sustraer de tu persona o de tu casa algún objeto; y mientras ignoras la ley, y por lo tanto crees que te pueden robar, el objeto puede quedar perdido para ti; pero, una vez que conoces la ley, la recuerdas y repites su Verdad, nunca más te robarán, y nunca más se te podrá perder ni extraviar nada. Compruébalo tú mismo. No me creas a ciegas hasta haberlo comprobado la próxima vez que no encuentres algo que crees perdido. Es de las lecciones más fáciles de aprender.

Tu cuerpo de hoy contiene todas las sustancias primitivas de nuestro planeta: Tierra, agua y aire. Además, de éstos se desprenden todas las sustancias, todos los elementos; tienes en tu haber todo lo que acumulaste de experiencias y conocimientos en tus miles y miles de años viviendo bajo una u otra. Pero lo primero que aprendiste fue a comer y a buscar comida, cuando fuiste una larva en el agua. Cuando después de muchos

cambios, llegaste a ser hormiga, obedeciste instintiva-
mente, por el impulso de tu espíritu grupo, a mover tus
paticas, para caminar sobre la tierra, el comer, el digerir y el movimiento de tus miembros se hicieron derechos adquiridos. Ya no pudiste ni podrás perder jamás
esas habilidades. Cada conocimiento o habilidad que
se adquiere da automáticamente el derecho de ocupar
un lugar más adelantado que el anterior. Ahora ves por
qué no se puede retrogradar a un lugar inferior. ¿Cómo,
si es la Ley de la Evolución además de la Ley de Atracción que hace que todo atraiga su igual y rechace su
opuesto? Esto forma parte del Principio de Polaridad,
que es inquebrantable como todos los principios.

A pesar de que, al iniciarse en una nueva vida, hay
que aprender de nuevo lo que ya se ha adquirido en las
anteriores, como caminar, hablar, comer, etc., esto es
aparente nada más. Lo que ocurre en realidad es que
el ser tiene que recordar. No re-aprender, pues el niño
come, digiere, se mueve, llora, ríe, ve, oye, le circula
la sangre, entre otros, todo porque ya lo tiene en el subconsciente. Los talentos, el genio, el muchacho que es
muy perezoso para estudiar, todas las habilidades, son
pruebas de que se han hecho ya en vidas anteriores y
le son mucho más fácil que a otros que las intentan por
primera vez. Pero el muchacho inteligente, perezoso
para los estudios, sólo está manifestando que le aburre

tener que volver a recorrer lo que ya recorrió en una vida, o varias vidas anteriores. No hay que preocuparse por eso. Hay que dejarlo allí para que recuerde lo que tiene almacenado en el subconsciente. Generalmente ocurre que en el momento de los exámenes le surge al chico lo necesario para pasar tranquilamente, y a la par de todos los demás que se han «matado» estudiando durante todo el año. Esto confunde a los padres y maestros, pero es una de las pruebas a favor de la teoría de la reencarnación.

La reencarnación sí existe, pero no es obligatoria. El libre albedrío existe para todo y en todo. Así como en la Tierra cada individuo aprovecha o desperdicia las oportunidades, de acuerdo con su carácter o su deseo, en el plano astral (el reino de las almas o espíritus desencarnados) cada uno es libre de aprovechar o no este recurso que se ofrece para adelantar. Así como los humanos son libres de escoger una profesión o una línea de estudios; esforzarse para su propio desarrollo o simplemente vivir sin propósito o ambición, así las almas son libres de regresar al plano terrestre para dar otro paso adelante, para adquirir nuevas experiencias, para pagar cuentas pendientes (llamadas «karmas») o para cobrar bienes merecidos; o, si les place la vida que están llevando, pueden permanecer en ella todo el tiempo que les convenga. Nadie las obliga. Sólo que al fin y al cabo, el adelanto y bienestar ajeno las induce a desearlo para ellas también, y la moneda con que esto se compra es el esfuerzo, el conocimiento y la experiencia, los cuales se adquieren en la vida activa de la tierra.

Cada conocimiento y cada experiencia queda para siempre como posesiones adquiridas, compradas y pagadas. Estas posesiones decimos que son adquiridas «por derecho de conciencia» y no pueden ni perderse ni ser robadas. Nadie puede quitarle a otro la inteligencia, el talento, las facultades y los conocimientos. Pero lo que es más extraordinario aún es que, como cada adquisición es hecha a través de experiencia, y esa experiencia es acompañada por objetos, instrumentos, muebles, dinero, propiedades, etc., todo lo que se ha usado en la vida, en una experiencia, todo lo que se ha aprendido a usar, pues, la cama, la mesa, los cubiertos, la vajilla, la ropa, las joyas, el dinero, todo hasta una caja de fósforos, quedan en esencia o como negativos de fotografías, grabadas y archivadas en nuestro haber individual, por derecho de conciencia; y estas «propiedades» o posesiones las traemos junto con nosotros en cada reencarnación. Ellas aparecen en nuestras vidas, quiérase o no, y esto es lo que hace que algunas personas nazcan en la opulencia y otras en la miseria. Se nace donde se ha merecido nacer por derecho de conciencia. La ley se encarga de atraer a cada cual a su esfera. A su sitio propio. No hay injusticia en el plano de la Verdad. A esta ley se refirió el Maestro Jesús cuando dijo: «No os hagáis tesoros en la Tierra, donde la polilla corrompe y donde los ladrones minan y hurtan, sino haceos tesoros en el cielo, donde ni la polilla ni el orín corrompen, ni los ladrones hurtan y minan; porque donde está vuestro tesoro, allí estará vuestro corazón» (Mateo, 6-19 a 21). Pero claro está que, como todas las máximas bíblicas, ésta también tiene tres grados de significación. El primero material, el segundo mental y el tercero espiritual.

Como se verá, por todo lo dicho no hay por qué vivir temeroso de los ladrones. Si hasta ahora has vivido temblando porque te puedan robar tus posesiones, porque en tu casa entren ladrones de noche o cuando te ausentes de tu casa; porque alguien te cobre de más en los comercios; porque has creído en estafas y estafadores, ya puedes vivir en paz. Nadie puede quitarte ni un alfiler que te pertenezca por derecho de conciencia; pues, si lo posees, es porque lo mereciste en vidas remotas. Y, si se comete el intento contra ti (si por tu propio temor que pueda persistir mientras adquieras la práctica de la nueva conciencia), alguien te roba, o pierdes algún objeto, pronuncia inmediatamente la Verdad: «Nada que es mío por derecho de conciencia puede perderse o ser robado». Mantente tranquilo, no lo pienses más, y verás cómo encuentras tu posesión, alguien te la devuelve, alguien te regala una igual, o encuentras una semejante. Todo tu haber está en tu archivo mental como el original de un documento, reproduciendo una copia en el exterior. No se puede separar de ti. «No robarás»... no lo podrás intentar siquiera.

No creas ciegamente nada de lo que acabas de leer. Compruébalo tú mismo primero. «Por sus frutos los conoceréis».

No levantarás falso testimonio

Muchas personas se extrañan de que Moisés no le haya dedicado un lugar aparte a la mentira entre los diez mandamientos, y piensan que debería haber un decimoprimero que diga «No mentirás». Luego se satisfacen con pensar que tal vez la mentira está incluida en este noveno mandamiento. Lo que ocurre es que la mentira fue incluida, y tratada extensamente, en los mandamientos número uno, dos y tres, como lo veremos más adelante, y que no solamente la mentira no fue descalificada por Moisés como careciendo de importancia, sino que íntegro el Sepher Bereshit es una exposición metafísica de la Verdad y una acusación contra la apariencia y las falsas creencias que va acumulando la humanidad.

¿Será por falta de una ordenanza específica en este código de comportamiento por lo que los humanos continúan mintiendo a su conveniencia y antojo? Ahora es que van a saber lo que están haciendo.

«No levantarás falsos testimonios» se refiere directamente a la palabra hablada: no podrás jamás establecer una falsedad, no solamente porque la Verdad gritará y desvirtuará lo falso, sino porque la ley devuelve la treta y destrozará al que trata de levantarla.

En tiempos de elecciones vemos cómo los partidos tratan, por todos los medios, de desacreditarse unos a otros lanzando calumnias, falsos testimonios e infamias; el ganador entra a gobernar seguro de que ha derrotado al otro. Lo que ha hecho es acumular testimonios de su propia falsedad. Por sus frutos los conoceréis, o como dijo Emerson: «Lo que eres grita tan fuerte que no oigo lo que me dices»; pues lo que dice el mandamiento es que tu propio concepto es lo que ves. Si lo que ves lo encuentras bonito, es porque tu mirada refleja la limpieza, la pureza y la Verdad en tu alma. Si lo que ves lo declaras feo, las palabras traducen y delatan tu propia falsedad. No levantarás falso testimonio. No lo podrás por más que lo intentes, ya que estarás mencionándote a ti mismo y no al vecino.

En los primeros capítulos aprendiste que el «Yo» verdadero es perfecto, es bello con todas las virtudes y bellezas de su Creador, ya que fue creado por, con y la propia esencia del Padre. También aprendiste que ese «Yo» es la Verdad, mi Verdad, tu Verdad y la de todos, y si estamos manifestando todo lo contrario significa que aún no conocemos nuestro propio poder creador, que es el pensamiento: lo que pensamos se manifiesta en lo exterior y al aprender a pensar se empieza a corregir la prueba exterior. ¡Nuestra ignorancia no es prueba de que el Padre no ha sabido educarnos! Es prueba únicamente de que aún somos niños en el hogar de ese Padre.

Si tú le entregas a tu hijito una bola de barro para que haga con ella muñequitos, no esperarás que produzca una obra de arte, ¿no? Pero poco a poco irá aprendiendo, ¿no es así? Tú ahora estás aprendiendo que tienes una serie de errores mentales. Lo que te ocurre en la vida y en tu cuerpo es el resultado de una serie, o sea, que tu mundo interior y exterior son el espejo que refleja el estado de tu mente y tu alma y que no te puede suceder nada diferente a lo que tu mente proyecta. Si lo quieres ver diferente, tienes que cambiar tus ideas y tu modo de pensar. El Principio de Correspondencia así lo dice: «Como es arriba es abajo; como es abajo es arriba», o sea, que lo que te ocurre en el plano terreno te indica cómo anda tu plano mental.

También ya aprendiste la Verdad, y que comparando lo que ves con esa Verdad sabrás si lo que estás creando, proyectando tu pensamiento, es la Verdad y el bien, o si es un «falso testimonio». Sabes ya que, con reconocer la diferencia, el falso testimonio comienza a transformarse. Con pensar y declarar la Verdad verás borrarse la mentira como por magia, pues no tiene otro poder ni vida propia otra que la que tu creencia y tu pensamiento le dan. «Conoced la Verdad y ella os hará libres», dijo Jesús.

La Verdad es que tu «Yo» es perfecto como toda creación del Padre. Es hijo de Dios. Si tú te consideras feo, malo, pecador, defectuoso, culpable, lo manifiestas. Pero ésos son falsos testimonios y al comprenderlo, negarlo rotundamente y afirmar la Verdad de tu Ser, comienzas a manifestarla y a ver el falso testimonio en ti y en todo lo que te ocurre y que te rodea.

Ese falso testimonio, como toda mentira, se cura con la Verdad. Es decir, que es falso y que «no puede afectar ni atacar la Verdad». Por más que se intente.

Cuando las iglesias hablan de «ofender a Dios», es hasta risible. A Dios no lo puede ofender nada ni nadie. Se puede intentar, pero sin el más leve resultado. A un principio no lo puede quebrantar nada. Además, equivaldría a que el rasguño infinitesimal que una hormiguita hace al trepar por una montaña ¡pudiera causarle dolor a la montaña!

No codiciarás

Cuando una idea se desprende de la Mente Divina ya contiene en sí todo lo que pueda ser necesario para su desarrollo. No se concibe que Dios sea capaz de idear algo y mandárnoslo incompleto, para que nos devanemos los sesos y nos volvamos locos buscando una solución que sólo Él conoce. Eso será propio de un crucigrama hecho especialmente para matar el tiempo; pero jamás de la infinita sabiduría, amor y justicia, tratándose muy especialmente de la evolución de una vida que Él mismo ha ocasionado.

El Universo está basado en el orden. La Armonía Perfecta entre todas sus partes es comprobable a la simple vista del Sol y la Tierra girando para recibir toda ella el beneficio que Él dispensa.

Cuando se adquiere este conocimiento, ya jamás vuelve a faltar nada que sea necesario. Cuando a ti te sobra algo, es porque hay otro que lo está necesitando.

La naturaleza detesta el vacío. El propio aire, el «espacio» está pleno de átomos de todas las especies esperando la oportunidad de formar algo en el momento oportuno.

La vida vive buscando la oportunidad de animar. Éste es su cometido y ella no desperdicia una rendija favorable para introducirse. Deja un potecito de tierra en cualquier lugar que pueda recibir humedad, y al poco verás asomar una espiguita verde. Si dejas un vaso con agua olvidado, no tardará en llenarse de larvas vivientes. Antes de que el vientre de una mujer conciba un hijo, todo está preparado en aquél para recibir el germen, para asegurarlo, para alimentarlo y protegerlo hasta poder entregar un ser humano íntegro y completo. El huevito de un insecto, un reptil o un ave encierra ya todo lo que requiere para su formación, una criatura minuciosamente equipada para desenvolverse en su reino apropiado. Igual cosa ocurre con semillas vegetales. Luego, si existe una tan amorosa voluntad, una tan prevista ternura, una atención tan esmerada y minuciosa para preparar y cuidar los detallitos que algún día irán a formar un hombre no puede a ese hombre faltarle nada; todo está previsto y todo ya creado a la disposición de ese hombre.

«No codiciarás» dice el mandamiento. En otras palabras, no tienes que envidiar lo de otro, ni ansiarlo, ni resignarte a no poseerlo. El igual existe para ti y ya es tuyo. No tienes ni por qué lucharlo. Basta con pedirlo, reclamarlo, y dar las gracias de antemano, para que lo veas aparecer. ¿No lo dice bien claro la Biblia? «El que pide recibe, el que busca encuentra, el que toca le será abierto.» ¿Y por qué no lo tomas en serio? El tamaño de tu anhelo o la medida de tu necesidad indican el grado de pujanza que está ejerciendo el regalo para entrar en tu vida. Porque es un regalo. No hay que pagarlo. Cuando sientes la necesidad, significa que ya está pagado o merecido. Ya le llegó el momento que esperaba y ya te llegó el momento de aprovecharlo. Pídelo, pero antes da las gracias.

Puede que te venga por las vías naturales terrenas; o por mano amiga; o puede venirte como milagro. Puede caer de las nubes como me ocurrió a mí en una ocasión: estando en Nueva Orleans sin conocer un alma, se me agotó el dinero mientras esperaba un giro que se retardó. No me quedaba un céntimo en la cartera y era sábado por la tarde. No había banco abierto hasta el lunes. Pero yo «conocí» la Verdad y la declaré: «Mi mundo contiene todo; no falta nada en la Creación. Gracias, Padre, que ya me has oído». En ese momento vi un papel verde que revoloteaba en el viento de la calle y que venía hacia mí. Se me pegó en un tobillo, y al bajar la vista me di cuenta de que era un billete de cinco dólares. Sin duda se le escapó a alguien. Esperé con el billete en la mano por si notaba que alguno lo buscaba. Aquel dinero, en una forma milagrosa, me alcanzó hasta para pagar un taxi que me llevó al banco el lunes, en donde me estaba esperando mi giro.

Los milagros no ocurren porque se haya quebrantado un principio, como creen ingenuamente las iglesias, sino precisamente porque se echa mano a la acción del principio; se le estudia, se conoce, se aplica el reglamento de la ley, o sea que se actúa de acuerdo con él; porque ningún principio puede jamás inclinarse para condescender, ni doblegarse para hacer excepciones. Mi maestro decía que si el Principio de Gravedad se detuviera un instante para impedir que un señor muy importante muriera al caer al suelo, después de haberse lanzado de un último piso, no sería un milagro sino el caos universal.

El Primer Mandamiento

Los tres primeros mandamientos son uno solo. Los tres se refieren a una misma cosa, y dicen así:

1) «**Yo Soy** Jehová, tu Dios, que te saqué de la tierra de Egipto, de casa de servidumbre. No tendrás dioses ajenos delante de mí».

2) «No te harás imagen, ni ninguna semejanza de lo que esté arriba en el cielo, ni abajo en la tierra, ni en las aguas debajo de la tierra».

3) «No te inclinarás a ellas, ni las honrarás; porque «**Yo Soy** Jehová, tu Dios, fuerte, celoso, que he visto la maldad de los padres sobre los hijos hasta la tercera y cuarta generación de los que aborrecen, y hago misericordia a millares, de los que aman y guardan mis mandamientos».

4) «No tomarás el nombre de Jehová, tu Dios, en vano; porque no dará por inocente Jehová al que tomase su nombre en vano».

* * *

Los números que ves marcados no son para indicar el de cada mandamiento, sino para hacer referencias en el texto que sigue a continuación.

Lo primero que hay que recordar es que cuando la Biblia repite tres veces algún punto significa que se ha de tomar en el sentido de la letra y no simbólicamente; además de que ese sentido es el mismo en los tres planos de conciencia: material, mental, espiritual.

En este mandamiento aparece tres veces la mención de «Jehová, tu Dios». La primera mención se refiere a Dios, Creador de todo. La segunda se refiere a la Ley, o Principio. La tercera se refiere al «Yo Superior» de cada uno de nosotros, que es uno con Dios, uno con el Principio. De manera que aquí están presentados tres aspectos de una misma entidad y poder.

El párrafo 1) nos recuerda que Egipto es el símbolo de la materia, del hombre primitivo que no ha alcanzado aún el grado de poder comprender o aceptar el concepto de un Dios único, invisible. Los egipcios adoraban a muchos dioses, ídolos formados y visibles. Hermes dio el primer paso para inculcarles la idea de un Dios único. Como primer esfuerzo, sirvió de impulso pero no se afirmó. Retrocedieron a sus creencias acostumbradas. Moisés vino a darles un nuevo impulso. Por esto dice: «**Yo Soy** Jehová, tu Dios, que te saqué de la tierra de Egipto, de casa de servidumbre. No tendrás dioses ajenos delante de mí».

En la interpretación terrena para el plano material y para los seguidores de Moisés en el *Éxodo*, esto ordenaba hacer tal cual lo que dice, que un Dios único los había libertado de la esclavitud en la casas de sus amos egipcios; que ese nuevo Dios se llamaba Jehová y que no deberían continuar sirviéndoles a sus antiguos ídolos. El párrafo 2) estipula las formas de estos ídolos, prohíbe adorar imágenes o animales. El párrafo 3) les habla muy claro. Les prohíbe venerar y honrar a sus muñecos pintados. Y celoso: que Él castigará no solamente al desobediente, sino a sus hijos, nietos y descendientes, pero que tendrá piedad de aquellos que le obedezcan.

Todo esto es tan infantil que las generaciones futuras protestaron ante la patente injusticia, de modo que fue aclarado y abrogado por el profeta Ezequiel. Lo cual muestra cómo la mente humana iba desarrollándose y encontrando pueriles algunos puntos de aquellas órdenes de Moisés.

Para nosotros, el significado metafísico ya está diáfano. «**Yo Soy** Dios, que te extrajo del concepto material. No atribuyas poderes a otra cosa que a Mí. No te forjes imágenes (mentales). No les temas ni las respetes, ni formes tus juicios de acuerdo con lo que veas en el exterior (arriba en el cielo, ni abajo en la tierra ni en las aguas debajo de la tierra), porque la ley te entregará lo que ordenen tus errores (los que me aborrecen) y corregirá tus manifestaciones al tú emplear la Verdad (hago misericordia a los que me aman y cumplen mis mandamientos)».

Los hebreos, andando el tiempo, tomaron las escrituras tan al pie de la letra que en sus sinagogas no hay nada que pueda recordar siquiera una «imagen», y se recargaron de todas las imposiciones enumeradas en el Levítico hasta el punto de que los levitas vivían abrumados por un complejo de culpabilidad, ya que les era humanamente imposible cumplir los seiscientos y pico ritos y detalles diarios a los cuales se creían comprometidos.

La Biblia es un tratado psicológico y metafísico. Es el libro de la Verdad. Ella no ordena. Sólo explica. Encierra una explicación y un consejo para cada una de las circunstancias de la vida, en todos los planos de conciencia.

El párrafo 4) «No tomarás en vano el nombre de Jehová, tu Dios; porque no dará por inocente Jehová al que tomare su nombre en vano», se refiere directamente a lo que ya sabes: no te condenes tú mismo con tus palabras. No digas que eres feo, malo, negativo, no te apropies condiciones que después lamentes verlas manifestadas tales como «mi mala memoria», «mi corazón enfermo», «mi cojera», «mi vista pésima», etc., pues todo esto es tomar en vano el nombre de Jehová, tu Dios, y la ley no perdona (no dará por inocente) a lo que se decrete en nombre del «Yo». Habrás dado una orden y el subconsciente hará todo lo posible por cumplir en todas tus circunstancias (hasta la tercera y cuarta generación).

No fornicarás

En principio, esa palabra no fue la que empleó ni escribió Moisés. Lo que él dijo fue: «No cometerás adulterio», y ése fue el primer adulterio que se cometió al transcribir los diez mandamientos, el de adulterar arbitrariamente la Verdad.

Siendo Moisés un adelantado, un sabio, un experto en el conocimiento de los principios herméticos, era totalmente imposible que él instruyera (y dejara escrita la instrucción) de tratar de burlar el Principio de Generación. La palabra constituye una ofensa, un insulto a la inteligencia humana, en ese sitio en donde la colocaron los escribas, por orden de autoridades eclesiásticas ignorantes.

La misma sustitución fue hecha burdamente en las escrituras del apóstol y evangelista Mateo, capítulo 19, versículos 4 al 12. Pero esto lo trataremos más adelante. A todo conocedor de los principios, las sustituciones bíblicas le saltan a la vista.

Como todos los principios, el de Generación funciona de manera automática en todos los planos, y en cada plano actúa en la forma apropiada a él. En el reino atómico, un átomo se junta con otro para dar nacimiento a un elemento, por ley de atracción, cohesión y adhesión, y estas tres son condiciones naturales del Principio de Generación, o sea, que formará parte integral del principio. No se hubiera creado nada, no se produciría nada, no nacería nada, no evolucionaría nada, si se pudiera destruir el principio electrónico del magnetismo, o sea, la atracción entre el positivo y el negativo. La adhesión y cohesión ocurren después de la atracción. La adhesión es la autodeterminación del átomo; en otras palabras, el libre albedrío que contiene **todo** átomo de aceptar o rechazar el unirse a otro átomo que sea o no su tipo. La cohesión es la facultad de pegarse el uno con el otro en un grado tal de fuerza que no necesito recordarles lo que ocurre cuando se logra separar las partículas de un átomo (¡la bomba atómica!).

Supongo que habrás visto en lo que acabas de leer la similitud con lo que ocurre entre nosotros, los humanos. Esa similitud te ilustra a la perfección el Principio de Correspondencia —Como es arriba es abajo; como es abajo es arriba—. Es decir, que «estudiando la mónada se llega al ángel», como lo expresa el *Kybalyon*.

Bien. Los principios actúan automáticamente, por encima de todo y a pesar de todo lo que podamos hacer en contra. Si los átomos fueran ya seres humanos o si ellos hablaran en palabras nuestras, llamarían a ese proceso de atracción, adhesión y cohesión «fornicar», ¿no es así? Igual cosa sería en los reinos botánico y zoológico, donde una abeja transfiere el polen de una flor a otra y de esa unión nace una nueva especie, ¿no? ¡Ahora dígase si está en los designios de Dios Creador impedir o prohibir esos procesos!

Es sabido que al oponer una resistencia a un principio se multiplica la fuerza que lo impele, y busca la salida por otros conductos, o sea que lo único que se logra es obligarlo a desviarse; no se logra atajarlo.

En el reino animal, el Principio de Generación es llamado «sexo». Todo el tiempo que los humanos continúen reproduciéndose por el proceso llamado sexual están comprobando que una parte de su sistema no ha salido aún del reino animal. Y una vez que sus células evolucionan al reino inmediatamente superior, donde el Principio de Generación se manifiesta en una forma diferente, el hombre y la mujer no pueden actuar como los animales. Ya no están en ese reino y no los domina la influencia inferior. No sienten deseos sexuales, ni de comer carne. Es otro orden de cosas.

En este punto los discípulos siempre preguntan: «¿Y, si todos evolucionamos, entonces se acaba la raza humana?». No, ¿por qué? ¿Siempre nos vienen por detrás millares de millares de seres que tienen que pasar por el reino animal? Te gradúas tú, se gradúa tu generación, se van graduando paulatinamente todos los seres humanos; pero siguen llegando otros, eternamente. Jesús dijo: «Los pobres los tendréis siempre con vosotros». Se refería no solamente a los económicamente pobres, sino también a los pobres en conocimientos, en experiencias, los pobres en evolución.

También dice el Apocalipsis que el Señor anunció para esta era que «no nacerían más niños». Eso lo anunció para el sector humano de su época, que es el mismo que evoluciona hoy. Ya se acerca este momento. Lo sabemos por lo siguiente y por muchas otras señales: la hora más oscura es antes del amanecer. El moribundo se mejora justo antes de morir. El enfermo se empeora justo antes de curar. La población de la Tierra aumenta en todas partes de una manera extraordinaria. Pronto comenzará a declinar.

Una de las respuestas de Jesús a sus discípulos, tocante al momento de terminarse el mundo antiguo y la entrada del mundo nuevo fue: «Cuando caiga el manto de la vergüenza». Esto significa: cuando sea conocida universalmente la Verdad de los Principios que estamos aprendiendo, y muy especialmente la verdad que trataron de adulterar con ese título falso de «no fornicarás»; pues atrayendo la atención humana y enfocándola, oponiendo al mismo tiempo una prohibición o una resistencia, precisamente defraudaron su propósito, como expusimos más arriba. El impulso del Principio de Generación se multiplicó, y buscando su salida se desvió. Así podemos ver los efectos terribles. Es el mandamiento que ha sido más quebrantado; que ha ocasionado mayor número de abusos, de distorsiones mentales y de aberraciones sexuales, de males físicos, de deshonras, vergüenzas y castigos. Todo por la sustitución arbitraria de una palabra.

Todos ustedes han visto esos arbolitos japoneses, enanos, retorcidos y distorsionados a un grado increíble. Los vemos como una curiosidad y como tal los admiramos, pero esto no quita que sean un atentado contra la naturaleza, como lo es un ave enjaulada y un animal amarrado. También sabemos todos que lo prohibido adquiere un atractivo fuera de toda proporción. Eso es lo que ocurrió con todos los intentos de frenar al Principio de Generación, tales como la de darle a la manzana de Adán una interpretación sexual, la de adulterar los textos inspirados; todo por ignorancia, por el empeño de ejercer dominio o poder sobre los demás.

El significado metafísico del mandamiento «No cometerás adulterio» es precisamente «No malinterpretes las leyes porque no lo lograrás», o sea que el efecto será el contrario de lo que deseas y la ley misma se encargará de dar el mentís a lo que has dicho.

Para el Maestro Jesús, el dogmatismo fanático era aún más repugnante y más digno de castigo que el libertinaje sexual y así lo expresó cuando dijo: «Ay de tu Corazón, ay de ti, Bethsaida, os digo que a Tiro y a Sidón les será más tolerable el castigo que a vosotras». Corazón y Bethsaida eran pueblos bíblicos. Cada nombre de pueblo o ciudad en la Biblia es un símbolo. Estos dos nombres simbolizan el dogmatismo y el fanatismo. Tiro y Sidón simbolizan desviaciones sexuales. De manera que Él dijo textualmente que a los pecados sexuales les sería más tolerable el castigo que al dogmatismo y al fanatismo los suyos. En otras palabras, que serían más duramente castigados los fanáticos religiosos que las rameras.

Volviendo a la referencia que hice al comienzo de este capítulo (San Mateo, Cap. 19, versículos 4 al 12) voy a referirlo completo: «Entonces vinieron a él fariseos tentándole y diciéndole: ¿Es lícito al hombre repudiar a su mujer por cualquier causa?» Él respondiendo, les dijo: «¿No habéis leído que el que los hizo al principio, varón y hembra los hizo? Por esto el hombre dejará padre y madre y se unirá a su mujer y los dos serán una sola carne. Así que ya no son más dos, sino una sola carne; por lo tanto, lo que Dios juntó, no lo separe el hombre». Le dijeron: «¿Por qué, pues, mandó Moisés dar carta de divorcio y repudiar-

la?». Él les dijo: «Por la dureza de vuestro corazón
Moisés os permitió repudiar a vuestras mujeres; mas
al principio no fue así. Y os digo que cualquiera que
repudia a su mujer y se casa con otra, adultera; y el
que se casa con la repudiada, adultera». Los escribas
eclesiásticos insertaron la cláusula «salvo por causa
de fornicación» por su propia cuenta y riesgo. Tenían
que meter de cualquier modo la palabrita y les resultó
sin sentido, andando el tiempo y a la luz de las enseñanzas superiores.

Le dijeron sus discípulos: «Si así es la condición
del hombre con su mujer, no conviene casarse». Entonces, Él les dijo: «No todos son capaces de recibir
esto sino aquellos a quienes es dado. Pues hay eunucos
que nacieron así del vientre de su madre, y hay eunucos que son hechos eunucos por los hombres, y hay
eunucos que a sí mismos se hacen eunucos por causa
del reino de los cielos. El que sea capaz de recibir esto
que lo reciba…».

Si ustedes son capaces de recibirlo, habrán visto
expuesto el Principio de Generación hasta el momento
de mencionar a Moisés. La explicación original fue,
sin duda alguna, más larga y detallada, ya que los discípulos comprendieron y dieron el comentario: «Si así
es la condición del hombre con su mujer, no conviene
casarse», o lo que es lo mismo: «No hay para qué ca-

sarse si desde el principio fueron hechos uno», o sea que, cuando el polo positivo y el negativo se juntan, no hay quien los separe.

Cada célula que sale del seno de Dios es mitad positiva y mitad negativa; en el lenguaje de los humanos y en el plano humano, la célula primitiva, o el átomo original, es femenino y masculino. Al poco tiempo de estar evolucionando, se separan los dos sexos y continúan evolucionando cada uno por su lado hasta el encuentro definitivo, al final de los catorce mil años que se necesitan para adquirir la conciencia espiritual.

Estos dos sexos son entidades separadas, independientes, destinadas a formar «pareja» algún día. Sin embargo, los hay que no desean separarse. Éstos son los que Jesús llamó «eunucos por causa del reino de los cielos».

Es altamente confortante para todo aquel o aquella que se encuentra solitario en el camino de la vida, o que se considera infeliz y mal casado, saber que en algún plano, encarnado o desencarnado, no importa, existe «Él» o «Ella», la otra mitad perfecta de cada uno, esperando unirse a su alma gemela, y que tenemos todo el derecho que nos asiste de reclamar esa unión. Si nuestra alma gemela está desencarnada nos uniremos en el otro plano. Si está encarnada,

nada ni nadie puede mantenerlos separados. La ley arregla todo armoniosamente para todo el mundo si así lo pedimos, «de acuerdo con la voluntad divina, bajo la gracia y de manera perfecta». Y esa otra mitad nuestra es exactamente lo que buscamos y deseamos. Lo que nos conviene por perfecta afinidad. Muchas veces, en vidas pasadas, nos hemos encontrado, nos hemos unido, y es ese recuerdo el que nos hace vivir buscándola.

Las doctrinas fabricadas erróneamente por los humanos han intercalado una ley que dice: «Lo que Dios ha unido, que ningún hombre separe». Es exacto, pero la interpretación está errada. Se cree que esto se refiere al matrimonio efectuado en una iglesia con palabras pronunciadas por un religioso autorizado. No es así. Y hemos visto que se refiere a la unión original de la pareja primitiva, simbolizada por Adán y Eva. Y no es una amenaza contra el divorcio, que es simplemente una solución humana, sino que es un consuelo ofrecido por la infinita ternura de Dios, nuestro Padre, como para confortarnos diciéndonos «no temas, hijito mío, tienes tu amor de siempre y para siempre».

Jesús vivía consciente en un plano superior. A Él le costaba bajar y hablar en el plano humano. Por eso enseñó a través de tantas parábolas, ya que el sentido de éstas no varía; es el mismo en todos los planos. El sentido de una parábola no está jamás sujeto a las palabras que están de moda o en uso.

La referencia a los eunucos es casi una parábola. Se puede tomar en el sentido humano si así se desea. En el sentido científico se refiere a los neutrones, que no tienen carga positiva ni negativa. Metafísicamente, los que se hacen eunucos por el reino de los cielos son los humanos que (como ustedes todos) anhelan elevarse, aprender y estudiar lo relativo a los planos superiores. Pero como dijo el Maestro: «El que sea capaz de recibir esto, que lo reciba».

Observen ustedes que los grandes maestros evitan pormenorizar cuando se habla de ese mandamiento. Hacen tal como hizo Jesús, dicen algo críptico, y que lo comprenda el que sea capaz de comprenderlo. ¿Por qué? Porque la mente de esta Quinta Raza Raíz que somos nosotros está evolucionando entre dos planos. Tiene gran parte animal aún, y el animal ni razona ni sabe controlarse. Si le dan la luz verde se desborda. Si le ponen la roja se fulmina él mismo. Es un punto de equilibrio muy difícil de mantener. Demos gracias al Padre porque ya nosotros estamos con un pie levantado para subir al próximo escalón, y recordemos el episodio de Jesús, cuando vinieron a presentarle a una mujer que fue sorprendida en flagrante adulterio, y que de acuerdo con las leyes de Israel debía ser apedreada hasta matarla. El Maestro no respondió una sílaba. Se puso a jugar con un dedo en la tierra a sus pies. Los hombres que la habían traído se fueron yendo uno tras uno, y cuando se encontraron solos, le dijo Jesús: «Mujer, ¿a dónde se han ido tus acusadores?». Ella contestó: «No lo sé, Señor». «Tampoco yo te acuso. Vete en paz», fue la respuesta del Maestro.

Fin

Colección

Metafísica 4 en 1

Aunque muchos libros han sido escritos basados en las «Leyes del Pensamiento», muy pocos son los que combinan estas leyes con la Verdad Espiritual.

Es precisamente esta combinación lo que constituye una renovación para el lector no especializado. La colección *Metafísica 4 en 1* le ayudará a tomar el control de su vida, enseñándole a manejar su inmenso poder interior y guiándolo a través de canales constructivos, mientras que la salud y la prosperidad se incrementarán visiblemente.

He aquí, pues, cómo la colección *Metafísica 4 en 1* ha capturado los corazones –y las almas– de millones de lectores de metafísica en Latinoamérica, España, la población hispánica de los Estados Unidos y cientos de miles de lectores en países no hispanoparlantes, probando, en efecto, que «la fe mueve montañas».

Conny Méndez siempre creyó que las verdades espirituales, filosóficas y metafísicas debían ser expuestas con las palabras más claras y sencillas, de manera que hasta un niño pudiera captarlas. Desafortunadamente, la mayoría de los escritos sobre estos extraordinarios temas son muy oscuros y llenos de una jerga técnica que los hace ininteligibles. La autora sintió que todo ello era innecesario. De allí que Conny Méndez haya intentado, tanto como le fue posible, evitar el uso de la terminología técnica especializada. Por eso nunca emplea una palabra de tres sílabas donde cabría una de dos. He allí otra razón que explica el creciente e imparable éxito de esta poderosa colección metafísica que la autora nos dejó desde hace más de cincuenta años y que hoy sigue más vigente que nunca.

LOS EDITORES.

Volumen I

12 x 17 cmts., 336 páginas.
ISBN: 978-980-6114-26-5

Volumen II

12 x 17 cmts., 320 páginas.
ISBN: 978-980-6329-00-3

✔ *Nuevo Vol. III*

12 x 17 cmts., 320 páginas.
ISBN: 978-980-369-080-9
✔ Audiolibros disponibles en www.metafisica.com

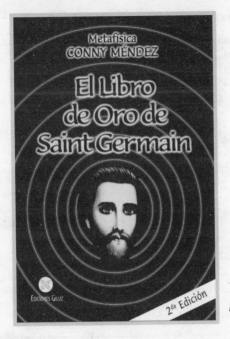

2da
Edición

El Libro de Oro

de la Hermandad Saint Germain

«*E*sta es la Sagrada Enseñanza que el Maestro Ascendido Saint Germain ha dispuesto para ésta, Su Era de Oro, y que forma el Tercer Ciclo de Enseñanza de la Hermandad Saint Germain, después de lo cual el discípulo queda en conocimiento pleno de su Presencia «Yo Soy».

El Libro de Oro de Saint Germain - Traducción y adaptación: Conny Méndez. Título original en inglés: *The "I Am" discourses* por el Ascendido Maestro Saint Germain.

Formato 12 x 17 cmts. 320 páginas.
ISBN: 978-980-6114-11-1

2da **Edición**

Misterios Develados

«*E*sta serie de libros está dedicada con el más profundo Amor Eterno y Gratitud a nuestro amado Maestro Saint Germain, la Gran Hermandad Blanca, la Hermandad del Royal Teton, la Hermandad del Monte Shasta, y a aquellos Maestros Ascendidos cuya ayuda amorosa ha sido directa e ilimitada».

El propósito de poner este libro en manos del público es para comunicarle al individuo el valor y la fuerza que ha de sostenerlo a través de este período de transición en que vivimos.

Misterios Develados - Traducción y adaptación: Conny Méndez. Título original en inglés: *Unveiled Mysteries* por Godfré Ray King.

Formato 12 x 17 cmts. 272 páginas.
ISBN: 978-980-6114-10-4

2da *Edición*

La Mágica Presencia

«*E*sta serie de libros está dedicada con el más profundo amor y eterna gratitud a nuestros amados Maestros Ascendidos, Saint Germain, Jesús, Nada, El Gran Divino Director, nuestro Amado Mensajero Ascendido, Guy W. Ballard, la Gran Hermandad Blanca, la Hermandad del Royal Tetón, la Hermandad del monte Shasta, los Grandes Maestros Ascendidos de Venus, los Grandes Seres Cósmicos, la Gran Hueste Angélica, La Gran Luz Cósmica; y todos aquellos otros Maestros Ascendidos, cuya ayuda amorosa ha sido directa y sin límites».

La Mágica Presencia - Continuación de *Misterios Develados*. Traducción y adaptación: Conny Méndez. Título original en inglés: *The Magic Presence* por Godfré Ray King.

Formato 15 x 21 cmts. 288 páginas.
ISBN: 978-980-6114-15-9

2da Edición

Piensa lo bueno y se te dará

*E*l contenido de esta obra, es un mensaje positivo para la humanidad. La sencillez del tema, inclina al lector a que asuma su éxito o su fracaso, dependiendo sin duda alguna, de la visión que posea de sí mismo y del mundo que lo rodea.

Las verdades más profundas pueden ser perfectamente comprendidas por toda persona mayor de diez años y de mediana inteligencia, siempre que le sean presentadas en lenguaje sencillo y en una forma que puedan aplicar a su vida diaria.

Formato 13 x 20 cmts. 112 páginas.
ISBN: 978-980-369-082-3
✔ Audiolibros disponibles en www.metafisica.com

2da **Edición**

Te regalo lo que se te antoje

El Secreto que Conny Méndez había descubierto hace más de 50 años. Y como todo lo que Conny escribía con un profundo sentido positivo y optimista, pero sin olvidar lo más importante: un gran contenido espiritual. «Te Regalo lo que se te Antoje» no es otra cosa más que el mismo secreto, sintetizado y adaptado para el idioma castellano, en palabras simples y de «a centavo», como ella solía decir, pero con un gran sentido espiritual y que responderá a muchas necesidades del ser humano.

Para comprender las enseñanzas de la Nueva Era y obtener plenamente los beneficios que ella encierra, se recomienda leer este pequeño libro donde se explica la forma correcta de orar en la vida, analizando aspectos tan importantes como es el Amor, el Dinero, la Vida, la Muerte, la Voz de tu Alma, y muchos temas más.

Formato 13 x 20 cmts. 144 páginas.
ISBN: 978-980-369-083-0

✔ Audiolibros disponibles en www.metafisica.com

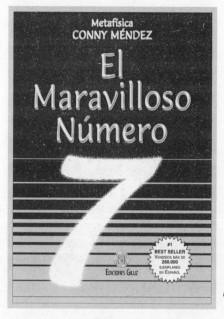

2da
Edición

El Maravilloso Número 7

*E*l número siete simboliza el estado de totalidad, e indica que se ha superado una etapa especial. Todo en la Creación recorre siete etapas de actividad y luego viene automáticamente un momento de descanso. El siete es un punto final para luego comenzar una nueva serie de siete pasos. Siete son los colores de nuestro prisma, los sonidos musicales, los días de nuestra semana, los Dones del Espíritu Santo, los meses de gestación para sobrevivir, las edades del hombre para lograr su madurez, autoridad y libertad.

Ahora les presentamos en este libro algunos otros «Sietes» poco conocidos pero muy importantes para el estudiante, para su desarrollo espiritual y su evolución en este Sistema.

Formato 13 x 20 cmts. 128 páginas.
ISBN: 978-980-369-084-7
✔ Audiolibros disponibles en www.metafisica.com

4ta
Edición

La Chispa de Conny Méndez

Humor y Memorias

*L*a *Chispa Venezolana de Conny Méndez*, originalmente publicado en 1980, contenía sus memorias humorísticas *Las Memorias de una Loca* (Barquisimeto, 1955), su versión de la historia de Venezuela Histori-Comi-Sátira *Del Guayuco al Quepis* (Caracas, 1967) y el álbum de caricaturas *Bisturí* (París, 1931). En siguientes ediciones, se insertó el cuento esotérico *Entre Planos* (Caracas 1958), se incluyó una Cronología que vincula los eventos más importantes en la vida de Conny Méndez con su producción artística, y para finalizar, se agregaron fotografías para ilustrar personas, momentos y rasgos artísticos de la polifacética Conny Méndez.

Formato 15 x 21.5 cmts. 272 páginas.
ISBN: 978-980-6114-43-2

Conny Méndez

Nació en Caracas, el 11 de abril de 1898. Hija del distinguido escritor y poeta Don Eugenio Méndez y Mendoza, y de Doña Lastenia Guzmán de Méndez y Mendoza. Como productora, directora y actriz, dedica varios años a actividades teatrales en actos celebrados a beneficio de la Cruz Roja Internacional, período en el cual Doña Margarita de Guinand es directora de dicha institución. Su obra musical consta de más de cuarenta composiciones entre las que se destacan, por su aceptación entre el público, aquellas de carácter popular (muchas de las cuales figuran en una importante discográfica), sin faltar algunas del género clásico y romántico, incluyendo un «Oratorio» de inspiración sacra. Fue autora de todos los textos de su obra musical. Realizó giras internacionales ofreciendo conciertos de canto y guitarra.

Funda en 1946 el movimiento de Metafísica Cristiana en Venezuela, consagrándose de lleno a la enseñanza esotérica a través de sus libros y conferencias.

Fue condecorada en tres ocasiones con: Diploma y Botón de Oro Cuatricentenario, 1967; Diploma y Medalla de Buen Ciudadano, 1968; Orden Diego de Losada en 2a. Clase, 1976.

Recibió además, en reconocimiento de su labor artística, cultural y humanitaria, numerosos homenajes y galardones, así como diversas placas en reconocimiento de su labor en el campo de la Metafísica Cristiana.

✠

Si desea comunicarse con nosotros o recibir información acerca de nuestras novedades, puede escribirnos o visitar nuestra página web.
Distribuidora Gilavil, C.A.
metafisicaconnymendez@gmail.com - www.metafisica.com

Apartado 51.467, Caracas 1050   POBA 2-30032,
Tel. +58 (212) 762 4985   P.O. BOX 02-5255
Tel./FAX +58 (212) 762 3948   Miami, FL 33102-5255
Venezuela   USA

Este libro se terminó de imprimir en
el mes de agosto de 2011 en Romanyà-Valls,
Capellades (Barcelona).